V 1481
+1.8

L'ART

DE CONNAITRE LES HOMMES

PAR LA

PHYSIONOMIE.

TOME VIII.

CHEZ L. PRUDHOMME, l'un des éditeurs.

———————

DE L'IMPRIMERIE DE HARDY, rue de la harpe.

L'ART
DE CONNAITRE LES HOMMES
PAR LA
PHYSIONOMIE,
PAR GASPARD LAVATER.

Nouvelle édition, corrigée et disposée dans un ordre plus méthodique; précédée d'une notice historique sur l'auteur; augmentée d'une exposition des recherches ou des opinions de La Chambre, de Porta, de Camper, de Gall, sur la physionomie; d'une Histoire anatomique et physiologique de la face, avec des figures coloriées; et d'un très-grand nombre d'articles nouveaux sur les caractères des passions, des tempéramens et des maladies, par M. MOREAU, docteur en médecine.

Avec 500 gravures exécutées sous l'inspection de M. VINCENT, peintre, membre de l'Institut.

PARIS.—1807.

TABLE

DES

MATIÈRES, PLANCHES ET VIGNETTES

CONTENUES DANS CE HUITIÈME VOLUME.

Nota. Tous les articles non désignés comme étant des Éditeurs, sont de LAVATER.

SUITE DES

ÉTUDES DE LA PHYSIONOMIE.

X^e. ÉTUDE.

RAPPORTS DE LA PHYSIOGNOMONIE AVEC LA PEINTURE.

N° 455. Vignette du frontispice. *Lavater mourant.*   *Page*
I. DES SILHOUETTES.   1
N° 456. Machine sûre et commode pour tirer des silhouettes.   6
II. DE L'EXPRESSION DES SILHOUETTES.   8
N° 457. Portrait d'un homme prudent, actif et entreprenant.   16
N° 458. Mendelssohn, Spalding, Rochois et Nicolaï.   17
N° 459. Cinq profils.   18
N° 460. Quatre profils.   20
N° 461. Deux silhouettes en profils.   22
N° 462. Trois *idem*.   23
N° 463. Alber de Haller.   25
N° 464. Autre portrait du même.   26
N° 465. Quatre profils de grands hommes.   28
N° 466. Six silhouettes marquées par des lignes.   32
N° 467. Trois profils.   38
N° 468. Cinq profils.   40
N° 469. Un homme et un jeune garçon.   42
N° 470. Madame de St.***.   43
N° 471. Deux profils.   44
N° 472. Silhouettes de Christ.   45
N° 473. Quatre profils.   47
N° 474. Portrait d'homme.   49
N° 475. Profil bien caractérisé.   51
N° 476. Contours des fronts.   50
N° 477. Autres contours des fronts.   55
III. DE L'ART DU PORTRAIT.   57
N° 478. Vignette. Un enfant et un buste.   67
Jugemens ou gradation de jugemens, selon les différens mérites du portrait.   68
Divers portraits et leurs commentaires physiognomoniques.   73
N° 479. Vinckelmann.   *ibid.*
N° 480. Portrait bien caractérisé.   75

TABLE.

N° 481. C. A. D. R. D. S. Wr.	76
N° 482. C. A. de S. Wr.	78
N° 483. Portrait de Wr.	79
N° 484. Portrait de K...	80
N° 485. Malvieu.	81
N° 486. Portrait de H.... n n.	82
N° 487. Portrait d'un flegmatique.	83
N° 488. Le duc d'Urbin.	84
N° 489. M...., d'après Raphaël.	85
Pensées d'un physiologiste sur la beauté.	86
N° 490. Plusieurs têtes.	96
II. Des tempéramens.	102
N° 491. Vignette.	109
N° 492. Sept profils.	110
N° 493. Les quatre tempéramens.	112
N° 494. Quatre hommes de tempéramens différens.	115
N° 495. Quatre têtes.	117
N° 496. Cinq profils.	118
N° 497. Portrait d'un flegmatique achevé.	120
N° 498. Une tête exprimant le tempérament colérique-flegmatique.	121
N° 499. Une tête d'homme malade.	122
N° 500. Trois profils.	123
N° 501. Une tête d'homme.	125
N° 502. Un flegmatique mélancolique.	126
N° 503. Un mélancolique.	127
N° 504. Deux têtes.	128
N° 505. Profil d'un homme respectable.	130
N° 506. Une tête.	131
N° 507. Deux silhouettes et une autre tête.	132
N° 508. Une tête sans expression.	134
N° 509. Les quatre tempéramens.	138
N° 510. Vignette.	142
N° 511. Deux profils.	143
N° 512. Une tête exprimant la force.	144
N° 513. Vignette.	145
N° 514. Mars.	146

Supplément ou considérations philosophiques et médicales sur les tempéramens, par L. J. Moreau (*de la Sarthe*), docteur en médecine.   147

III. De la ressemblance entre les parens et les enfans et de quelques variétés remarquables dans la forme des corps humains.   167

Remarques physiologiques sur la ressemblance entre les parens et les enfans, et sur les variétés remarquables d'organisation qui se transmettent par voie héréditaire, par L. J. Moreau (*de la Sarthe*) docteur en médecine.   181

IV. Observations sur les envies ou marques que les enfans apportent en naissant, sur les monstres, les géans et les nains.   186

N° 515. Vignette. Un enfant.	191
N° 516. Deux jeunes filles.	192

TABLE. iij

Supplément sur les monstres, par L. J. MOREAU (de la Sarthe),
docteur en médecine. 194
V. ESSAI SUR LA PHYSIONOMIE DE QUELQUES MALADIES. 205
N° 517. Vignette. Une jeune fille. 208
ADDITION DES NOUVEAUX ÉDITEURS. 209
N° 518. Six têtes. 212
N° 519. Contours de douze visages d'idiots. 214
N° 520. Vignette. Quatre profils. 215
N° 521. Portraits de deux hypocondriaques. 216
N° 522. Profil d'un pauvre innocent. 218
N° 523. Vignette. Groupes de têtes de fous. 222

SUPPLÉMENS.

Par L. J. MOREAU, de la Sarthe.

PREMIER SUPPLÉMENT.

QUELQUES REMARQUES GÉNÉRALES SUR LES PHYSIONOMIES DES FOUS, ET
TRADUCTION LIBRE D'UN COMMENTAIRE DE LICHTENBERG SUR LA GRANDE
GRAVURE D'HOGARTH REPRÉSENTANT L'INTÉRIEUR DE L'HOPITAL DE BEDLAM. 223

N° 524. Quatre têtes d'idiots et de fous, et portrait de Victor, ou le
sauvage de l'Aveyron 224
N° 525. Planche tirée d'Hogarth, représentant l'intérieur de l'hôpital
de Bedlam. 226

DEUXIÈME SUPPLÉMENT.

CONSIDÉRATIONS GÉNÉRALES SUR LA PHYSIOGNOMONIE DE L'HOMME MALADE,
ET ESQUISSE D'UNE PHYSIOGNOMONIE MÉDICALE GÉNÉRALE. 234
I. SYMPTÔMES QUI SE RAPPORTENT A L'ÉTAT EXTÉRIEUR DU CORPS ET AUX SUR-
FACES DE L'ORGANISATION. 239
II. SYMPTÔMES QUI SE RAPPORTENT A L'ÉTAT DES MUSCLES ET A LA CONTRACTION. 240
III. SYMPTÔMES QUI SE RAPPORTENT A L'ÉTAT DES SENS, DU CERVEAU ET DE
L'ACTION NERVEUSE. 241
IV. SYMPTÔMES QUI SE RAPPORTENT A LA VARIÉTÉ DES SOMMEILS. 243
V. SYMPTÔMES QUI SE RAPPORTENT A LA CIRCULATION. 245
VI. DES CARACTÈRES DES MALADIES, TIRÉS DE L'ÉTAT ET DES CHANGEMENS DE
LA RESPIRATION ET DE LA VOIX. 246
VII. DES SYMPTÔMES QUI SE RAPPORTENT A LA DIGESTION, A L'ENSEMBLE OU
A QUELQUES-UNS DE SES ORGANES. 247
VIII. DES SYMPTÔMES QUI SE RAPPORTENT AUX EXCRÉTIONS, ET DES SIGNES DE
CRISES ET DE COCTION DANS LES MALADIES. *Ibid.*

TROISIÈME SUPPLÉMENT.

DE LA PHYSIOGNOMONIE MÉDICALE PROPREMENT DITE, OU DES ALTÉRATIONS
DU VISAGE, CONSIDÉRÉES COMME SIGNES DE MALADIES. 248
I. CARACTÈRES PHYSIONOMIQUES DES MALADIES QUI APPARTIENNENT AUX
MUSCLES DU VISAGE. 255
II. CARACTÈRES PHYSIOGNOMONIQUES DES MALADIES QUI SE RAPPORTENT AU
TISSU CELLULAIRE DU VISAGE. 258
III. CARACTÈRES PHYSIONOMIQUES QUI SE RAPPORTENT A LA PEAU ET AUX
VAISSEAUX CAPILLAIRES DU VISAGE. 259
IV. DE L'ÉTAT DES YEUX, CONSIDÉRÉ COMME CARACTÈRE PHYSIOGNOMONIQUE DE
MALADIE. 264

FIN DE LA TABLE.

AVIS AU RELIEUR

POUR PLACER LES PLANCHES CONTENUES DANS CE VOLUME.

Nota. Il faut avoir le soin de mettre du papier serpente aux Planches et Vignettes.

	455 *Frontispice.*		Planch.	490	*Page* 96
Planch.	456	*Page* 6		491 *Vignette.*	109
	457	16		492	110
	458	17		493	112
	459	18		494	115
	460	20		495	117
	461	22		496	118
	462	23		497	120
	463	25		498	121
	464	26		499	122
	465	28		500	123
	466	32		501	125
	467	38		502	126
	468	40		503	127
	469	42		504	128
	470	43		505	130
	471	44		506	131
	472	45		507	132
	473	47		508	134
	474	49		509	138
	475	51		510 *Vignette.*	142
	476	53		511	143
	477	55		512	144
	478 *Vignette.*	67		513 *Vignette.*	145
	479	73		514	146
	480	75		515 *Vignette.*	191
	481	76		516	192
	482	78		517 *Vignette.*	208
	483	79		518	212
	484	80		519	214
	485	81		521	216
	486	82		522	218
	487	83		523 *Vignette.*	222
	488	84		524	224
	489	85		525	226

L'ART
DE CONNAITRE LES HOMMES
PAR LA
PHYSIONOMIE.

SUITE DES ÉTUDES DE LA PHYSIONOMIE.

Xe ÉTUDE.

RAPPORTS DE LA PHYSIOGNOMONIE AVEC
LA PEINTURE.

I.

DES SILHOUETTES.

La silhouette du corps humain, ou seulement du visage, est de tous les portraits le plus faible et le moins achevé; mais, d'un autre côté, il en est le plus vrai et le plus fidèle, lorsque la lumière a été placée à une juste distance, lorsque l'ombre s'est peinte sur une surface bien unie, et que le visage s'est trouvé dans une position parfaitement parallèle à cette surface. Une telle copie est faible, car elle n'offre rien de positif, et ne rend que le contour extérieur de la moitié du visage; elle est fidèle, car elle est l'empreinte immédiate de la nature, et porte un caractère d'originalité que l'artiste le plus habile ne saurait saisir au même degré de perfection dans un dessin fait à la main.

Quoi de plus imparfait que le portrait de la figure humaine dessiné d'après l'ombre! et cependant de quelle vérité n'est pas ce portrait! Cette source si peu abondante n'en est que plus pure.

La silhouette n'offre qu'une seule ligne de la figure qu'elle représente; nous n'y voyons ni mouvement, ni lumières, ni couleurs, ni élévation, ni cavité; les yeux, les oreilles, les narines, les joues, tout cela est perdu; il ne reste qu'une petite partie des lèvres; et cette faible esquisse n'en est pas moins d'une expression infinie. Nous mettrons bientôt le lecteur en état d'en juger par lui-même; d'ailleurs il en trouve déjà des preuves dans les volumes précédens.

On peut supposer avec assez de vraisemblance que l'ombre des corps a donné la première idée de l'art du dessin et de la peinture.

L'effet qu'elle produit est très-borné; mais, nous le répétons, cet effet est de la plus grande vérité. Il n'est point d'art qui approche de la vérité d'une silhouette bien exacte.

Qu'on en fasse l'essai. Prenez une silhouette dessinée avec

toute l'exactitude possible d'après nature, puis réduite en petit sur du papier huilé bien mince et bien transparent ; posez-la sur un profil de la même grandeur, dessiné par l'artiste le plus habile, et ayant tout le mérite de la ressemblance, vous découvrirez bientôt dans ces deux objets, ainsi comparés, des différences sensibles.

J'ai fait souvent de ces expériences, et j'ai toujours trouvé que l'art le plus parfait ne rend jamais la nature ; qu'il n'en saisit jamais ni l'aisance ni la précision.

L'énergie et l'aisance, voilà les caractères distinctifs de la nature. L'artiste qui s'attache de préférence à l'expression de l'énergie, mettra de la dureté dans ses ouvrages ; ils auront de la lâcheté et un défaut de précision, s'il recherche la facilité aux dépens de l'énergie.

Il faut donc réunir l'énergie à la facilité ; il faut exprimer l'un et l'autre de ces caractères avec le même scrupule et la même fidélité.

D'après ces principes, je conseille aux artistes qui voudront représenter la forme humaine, de commencer par s'exercer dans le genre des silhouettes, de les dessiner premièrement d'après nature, puis de les copier à la main, enfin de les comparer et de les retoucher. Telle est la route qu'ils doivent suivre, sans quoi ils trouveront difficilement le grand secret de combiner la précision avec la facilité.

Les silhouettes seules ont étendu mes connaissances physiognomoniques plus que tout autre portrait ; elles ont exercé mon sentiment physiognomonique, plus que la contemplation même de la nature toujours variée et jamais uniforme.

La silhouette fixe l'attention : en l'arrêtant aux seuls contours extérieurs, elle simplifie l'observation, qui devient par là plus facile et plus exacte ; je dis l'observation, et par conséquent aussi la comparaison.

La silhouette est une preuve positive et incontestable de la réalité de la science des physionomies.

S'il est vrai, de l'aveu et du sentiment de tous les hommes, qu'une simple silhouette fait preuve pour ou contre le caractère, que sera-ce de l'ensemble du visage, de toute la forme humaine, animée par l'expression de la physionomie et de la pantomime? Si l'ombre seule est un signe de vérité, lequel n'est point équivoque, que sera le prototype même ?

Mais que peut-on voir dans une simple silhouette ? C'est une question qui m'a déjà été faite cent fois, et qui sera encore cent fois répétée. Cependant montrez des silhouettes à ceux qui font cette objection, et ils en porteront tous un jugement, et souvent leur jugement sera très-juste.

Pour sentir et pour établir la signification étonnante d'un portrait dessiné d'après l'ombre, il suffit de comparer plusieurs silhouettes qui représentent des personnes d'un caractère opposé ; ou, ce qui vaut encore mieux, découpez ou dessinez des portraits de fantaisie de la plus grande dissemblance ; ou, si l'on a déjà acquis une certaine habileté dans l'art d'observer, pliez en deux une feuille de papier noir, découpez-y un portrait de fantaisie, déployez ensuite la feuille, et retouchez avec le ciseau l'un des deux profils, et, à chaque changement, consultez vos yeux ou plutôt le sentiment. Enfin il ne s'agit que de tirer plusieurs silhouettes du même visage, et de les comparer entre elles, et on sera étonné des différentes impressions que produiront les altérations les plus légères.

Dans le fragment suivant, nous offrirons aux yeux de nos lecteurs une longue suite de silhouettes, et nous nous appliquerons à en démontrer l'expression et la signification.

Un mot auparavant sur la meilleure manière de faire cette espèce de portraits.

Celle qu'on a suivie jusqu'ici est sujette à plusieurs inconvéniens. La personne qui veut se faire dessiner est trop mal assise pour conserver une position parfaitement immobile; le dessinateur est obligé de changer de place ; il est dans une attitude gênée, qui souvent lui cache une partie de l'ombre; l'appareil n'est ni assez simple ni assez commode, et, d'une manière ou d'une autre, il doit survenir quelque dérangement.

Il n'en est pas de même lorsqu'on se sert d'un siége expressément adapté pour cette opération, et fait de manière qu'on puisse y appuyer la tête et le corps. L'ombre doit se réfléchir sur un papier fin, bien huilé et bien séché, qu'il faut placer derrière une glace parfaitement claire et polie, qui entre dans le dos de la chaise. Derrière cette glace est assis le dessinateur ; d'une main il saisit le cadre, et de l'autre il dessine avec le crayon. La glace, qui est enchâssée dans un cadre mobile, peut être haussée ou baissée à volonté. L'un et l'autre seront échancrés par le bas, et cette partie du cadre doit reposer fortement sur l'épaule de la personne dont on veut tirer la silhouette. Enfin, vers le milieu de la glace on attache une barre de bois ou de

Tom. 6.   Pl. 456.

Machine sûre et commode pour tirer des Silhouettes.

Voici le caractère que j'assignerois à la Silhouette de cette jeune personne. J'y trouve de la bonté sans beaucoup de finesse ; de la clarté dans les idées, et le talent de les concevoir avec facilité ; un esprit fort industrieux, mais qui n'est point dominé par une imagination bien vive et qui ne s'attache guerre à une exactitude scrupuleuse. On ne retrouve point dans la copie le caractère de gaieté qu'annonce l'original ; mais le nez a gagné dans la Silhouette – il y exprime plus de finesse.

fer, garnie d'un coussin, qui sert de point d'appui, et que le dessinateur dirige à son gré par le moyen d'un manche de la longueur d'un demi-pouce.

Avec le secours du microscope solaire, on réussira encore mieux à saisir les contours, et le dessin en sera plus correct.

II.

DE L'EXPRESSION DES SILHOUETTES.

La silhouette est l'empreinte du caractère; mais elle ne le rend pas toujours pleinement : souvent elle exprime beaucoup, et souvent aussi elle ne saisit que les moindres traits.

J'en citerai une foule d'exemples, et je tâcherai d'établir les inductions qu'on peut tirer avec certitude, ou du moins avec probabilité, des contours du visage.

Vouloir tout expliquer par une simple silhouette, serait une folie; c'en serait une autre de lui refuser toute espèce de signification. Mais telle a été de tout temps la marche que les hommes ont suivie dans leurs opinions. Ils embrassent exclusivement le pour ou le contre; ils se jettent toujours dans les extrêmes; ou tout, ou rien.

Nous éviterons l'un et l'autre écueil, et nous ne dirons ni que la silhouette explique tout, ni qu'elle manque entièrement de signification. Nous jugerons selon nos lumières, quelque bornées qu'elles puissent être.

Il ne m'appartient point de décider jusqu'où des êtres supérieurs à nous pourraient ici pousser leurs découvertes. Peut-être le contour seul du visage leur suffirait-il pour déterminer la forme, l'élasticité, la vivacité, l'énergie, la mobilité du nez, de la bouche, des yeux; peut-être jugeraient-ils par ces parties de l'ensemble du caractère, des passions réelles et possibles; peut-être trouveraient-ils l'homme physique et moral dans sa simple silhouette. Je ne vois là rien d'impossible; la chose est même très-probable, puisqu'il est vrai que les hommes les plus ordinaires peuvent acquérir une certaine habileté dans la connaissance des silhouettes. Nous en verrons des preuves.

Cependant, j'en conviens, il est beaucoup de silhouettes infiniment difficiles à juger; celles-là m'embarrassent souvent, qui représentent des hommes extraordinaires. Mais ceux même dont les silhouettes sont les moins marquées, n'y prendront pourtant jamais l'air stupide, s'ils sont doués d'un talent supérieur; ni l'air méchant, s'ils se distinguent par un grand fonds de bonté; on méconnaîtra tout au plus ce qu'ils sont effectivement.

Observons encore qu'il est possible que les grandes qualités de ceux dont nous parlons, soient aussi peu saillantes que leurs silhouettes. Ces qualités existent, mais elles ne percent pas, et ne peuvent être aperçues que par quelques amis de confiance.

De plus, tel homme d'une capacité très-médiocre, mais favorisé par les circonstances, aura acquis l'habitude d'agir, d'écrire, de parler, de souffrir d'une manière qui le fait distinguer; mais le fond du caractère est toujours le même : il n'a point acquis pour cela la force et l'énergie qui lui manquent. Ces cas sont très-fréquens; ils augmentent la difficulté de l'étude de l'homme; ils arrêtent ou du moins semblent arrêter les progrès de la physiognomonie. J'en pourrais citer une multitude d'exemples ; mais les exemples sont odieux, et je ne veux offenser personne dans un ouvrage qui est destiné à répandre de plus en plus parmi les hommes l'esprit de la charité.

Quelquefois aussi les traits qui expriment telle qualité extraordinaire sont gradués avec tant de finesse, qu'on a de la peine à les rendre avec assez de délicatesse et de précision. Il est des visages qui ne peuvent souffrir la moindre altération dans la silhouette ; renforcez ou affaiblissez-en les contours seulement d'une ligne, ce n'est plus le profil que vous vouliez rendre ; c'en est un tout nouveau et d'un caractère bien différent. Les physionomies les plus honnêtes, les plus douces et les plus attrayantes, ne perdent d'ordinaire, dans le jugement qu'on en porte, qu'autant qu'elles ont perdu dans la silhouette par la faute du dessinateur. Les traits qu'on leur a prêtés, ou trop tendus ou trop relâchés, font disparaître cette simplicité, cette candeur, cette droiture qui les caractérisent.

Enfin il se peut encore que la petite vérole ou quelqu'autre accident ait émoussé, dérangé, bouffi ou contracté le contour du visage, au point que son véritable caractère ne soit plus reconnaissable, ou qu'il soit du moins très-difficile à démêler.

Mais, d'un autre côté, il est incontestable, et l'ami du vrai s'en convaincra par les exemples que je rapporterai, qu'un simple dessin fait d'après l'ombre caractérise la plupart des visages avec

DES SILHOUETTES.

une vérité qui ne permet pas de révoquer en doute la signification des silhouettes.

Je me ferais fort, et peut-être l'entreprendrai-je encore, de mettre en opposition deux silhouettes idéales, qui inspireraient au premier coup d'œil, l'une l'aversion et le mépris, l'autre la confiance et l'estime. Encore ne faudrait-il pas un Christ et un Béliad pour produire ce contraste.

Voilà ce que j'avais à dire préliminairement. Examinons maintenant quels sont les caractères que la silhouette reproduit avec le plus de vérité; ceux qu'elle retrace le plus distinctement et le plus positivement.

Les silhouettes les plus marquées sont celles qui représentent un homme ou fort colère ou fort doux, ou très-opiniâtre ou très-faible, un esprit profond ou un esprit superficiel.

La fierté et l'humilité s'impriment dans la silhouette mieux que la vanité.

On y retrouve, presque à ne pas s'y méprendre, la bonté du cœur, l'énergie de l'ame, la mollesse, la sensualité, et surtout l'ingénuité.

La supériorité du génie s'y peint mieux que la grande stupidité; la profondeur du jugement mieux que sa clarté.

Le génie créateur plus que la richesse des idées, sur-tout dans le contour du front et de l'os de l'œil.

Ajoutons encore quelques remarques et sur les silhouettes mêmes, et sur la manière de les observer; et d'abord tâchons de classer les lignes qui terminent le visage, et qui en fixent l'expression.

Telles sont les lignes perpendiculaires, ou relâchées, ou fortement tendues; celles qui s'inclinent en avant, ou qui se retirent brusquement en arrière; les lignes droites et faibles; les sections courbes, tendues ou ondulaires des cercles, des paraboles et des hyperboles; celles qui sont concaves, convexes, coupées ou angulaires, serrées, prolongées, composées, homogènes ou hétérogènes; celles enfin qui contrastent entre elles. Toutes ces lignes peuvent être rendues avec la plus grande exactitude par l'ombre; leur signification est des plus variées, des plus précises et des plus positives.

On distingue dans chaque silhouette neuf sections horizontales : 1° l'arc du sommet de la tête jusqu'à la racine des cheveux; 2° le contour du front jusqu'au sourcil; 3° l'intervalle entre le sourcil et la racine du nez; 4° le nez jusqu'au commencement de la lèvre; 5° la lèvre supérieure; 6° les deux lèvres proprement dites; 7° le haut, et 8° le bas du menton; 9° le cou, puis encore le derrière de la tête et la nuque du cou.

Chacune de ces parties, considérée en elle-même, est un caractère, une syllabe, une parole; souvent un jugement, un discours entier de la nature, toujours véridique.

Lorsque toutes ces sections se trouvent dans une harmonie parfaite, le caractère est si décidé, qu'un paysan, qu'un enfant, le reconnaîtraient ; plus elles contrastent ensemble, plus le caractère est difficile à déchiffrer.

Un profil qui n'est composé que d'une seule espèce de lignes, c'est-à-dire, dont toutes les lignes sont également concaves ou convexes, droites ou tendues ; un tel profil est une caricature ou un monstre.

Les physionomies les plus fines et les plus heureuses supposent un concours de différentes lignes, mêlées et assorties dans une belle proportion.

L'ensemble d'une silhouette doit être jugé principalement d'après la longueur ou la largeur du visage.

Un profil bien juste et bien proportionné doit être égal en largeur et en hauteur. Une ligne horizontale tirée depuis la pointe du nez jusqu'à l'extrémité de la tête (pourvu que la tête ne soit ni inclinée en avant, ni penchée en arrière) ne doit point excéder en longueur la ligne perpendiculaire qui s'étend depuis le sommet jusqu'à l'endroit où se fait la jonction du menton et du cou.

Toutes les formes qui s'écartent sensiblement de cette règle sont autant d'anomalies, ou très-heureuses ou très-malheureuses.

La silhouette facilite plus que tout autre dessin cette manière de mesurer et de comparer la hauteur et la largeur de la tête.

Si la longueur de la tête excède sa largeur, et que les contours soient en même temps durs et angulaires, on doit s'attendre à beaucoup d'opiniâtreté. Si, dans la même disproportion, le contour est à la fois lâche et alongé, il sera l'indice d'une extrême faiblesse.

La tête a-t-elle au contraire plus de largeur que de longueur, alors un contour dur, roide, angulaire et tendu, annonce une inflexibilité redoutable, qui est presque toujours accompagnée de la plus noire méchanceté. Un contour lâche et mou est, dans le même cas, la marque infaillible de la sensualité, de la faiblesse, de l'indolence et de la volupté.

Il me resterait encore beaucoup de choses à dire ; mais en partie elles ne sont pas suffisamment préparées, ou bien elles retrouveront leur place dans les exemples qui vont suivre, ou même elles seront réservées pour un ouvrage séparé. Bornons-nous donc pour le moment à une seule remarque générale : c'est que la silhouette exprime plutôt les dispositions naturelles que l'état actuel du caractère.

Les parties que nous avons comprises dans la seconde et la troisième section de la silhouette sont celles qui retracent le plus souvent et avec le plus de certitude, le jugement, la force active et passive de l'homme. Le nez indique particulièrement le goût et le sentiment ; les lèvres, la douceur ou l'emportement, l'amour ou la haine.

Le menton désigne l'espèce et le degré de la sensualité. Le cou, la nuque, et l'attitude de la tête en général, indiquent la lâcheté, la roideur, la droiture du caractère. Dans le sommet de la tête on reconnaît moins la force que la richesse de l'esprit; dans l'occiput, on distingue le caractère mobile, irritable, celui qui a de l'énergie et du ressort.

Voilà derechef des assertions qui paraîtront ou très-communes ou très-importantes. Elles seront communes aux yeux du lecteur qui ne cherche que l'amusement, importantes pour l'observateur qui peut juger par lui-même, et qui voudra rectifier et étendre mes découvertes.

Il est temps de passer aux exemples qui doivent confirmer et éclaircir ce que je viens d'alléguer.

Il était impossible, et l'abondance des matières ne le permettait pas, d'offrir à mes lecteurs une collection complète de silhouettes; bien moins encore de suivre une classification exacte, ni même un certain ordre. Je fournirai ce que je pourrai.

Je laisse à d'autres le soin de traiter cette matière plus en détail; il faudrait plusieurs volumes de silhouettes pour l'éclaircir entièrement. La tâche n'est pas aisée; mais celui qui voudra s'en charger rendra un service essentiel à la science des physionomies, sur-tout s'il classe les sujets en juge impartial; il fera plus que mes facultés et ma situation ne me permettront jamais de faire.

Quelque peine que je me sois donnée pour faire un bon choix, les planches qu'on va parcourir n'en composeront pas moins un fragment à tous égards incomplet.

La planche ci-jointe, qui termine cette introduction, est l'image imparfaite d'un homme prudent, actif et entreprenant. L'expression de son mérite est moins visible dans le front que dans le seul contour angulaire et coupé de la pointe du nez. Cette remarque fera rire encore; à la bonne heure, mais j'en appelle aux connaisseurs si elle est fondée ou non.

Tom. 8. Pl. 457.

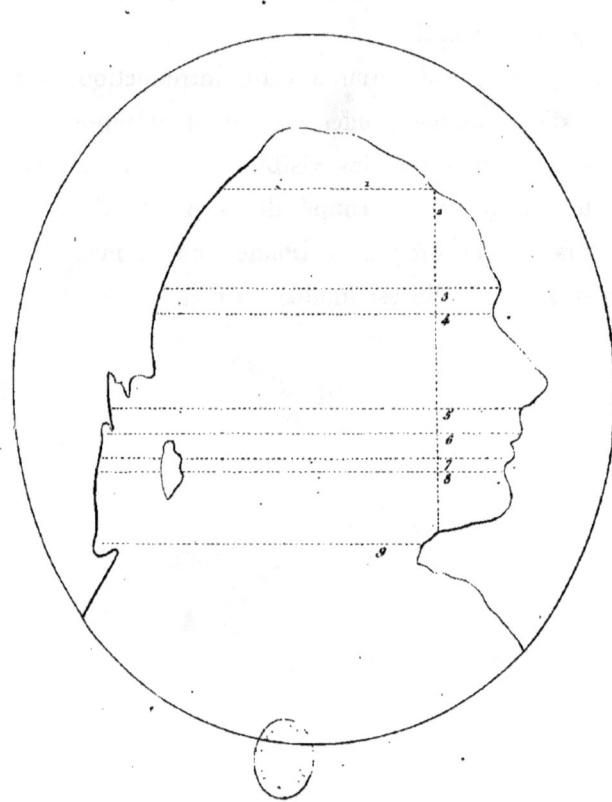

Tom. 8.   Pl. 458.

Mendelssohn.

Spalding.

Rochais.

Nicolai.

DES SILHOUETTES.

Mendelssohn, Spalding, Rochois et Nicolaï.

Quatre profils de personnages distingués ; la supériorité de leurs talens est connue, et elle reparaît dans ces silhouettes.

Soyons vrais ; personne n'osera les déclarer stupides d'après ces profils ; et si quelqu'un hésite de rendre justice au n° 4, c'est faute d'avoir étudié le front. Cet arc, considéré en lui-même, le haut sur-tout, annonce seul plus de jugement que les n°^{os} 2 et 3. Le physionomiste retrouvera la même empreinte dans les contours fortement prononcés qui terminent le front ; mais je parle ici du jugement, et non du bon sens ni de la raison.

3 a plus de bon sens que le précédent, un sens prompt et juste pour le vrai, beaucoup plus de finesse ; mais je lui crois moins de pénétration.

2 pense avec clarté : son esprit lui fournit des idées justes et pleines d'agrément ; ses actions sont comme ses idées ; il met de l'élégance dans ses discours et ses compositions ; il n'adopte pas aisément des opinions étrangères. Le dessin du front n'est pas assez caractéristique, mais le nez exprime le goût le plus exquis.

Dans le n° 1, on reconnaît dans le front et le nez la profondeur et la justesse du jugement. La bouche la plus fine est celle du n° 2, et, après lui, celle du n° 3. Le nez de ce dernier annonce aussi le plus de noblesse.

LES ÉTUDES DE LA PHYSIONOMIE.

CINQ PROFILS.

1. Ce n'est pas là une tête du premier ni même du second ordre ; mais assurément elle n'est pas commune. Le sublime n'est point à sa portée : on voit assez au contour du front et à celui du derrière de la tête et de tout le bas du profil, qu'elle n'est pas capable d'y atteindre ; mais la position et la hauteur du front, de même que le contour du nez, manifestent évidemment un esprit juste, un caractère égal, de la capacité, du talent pour la poésie, du goût, de la candeur.

2. Le contour du nez porte l'empreinte infaillible d'un bon esprit ; le front, plutôt par sa position que par son contour, exprime la même chose. En général, ce visage a des traits plus fermes, mieux prononcés que le précédent : il annonce encore plus que celui-ci de la pénétration et de la force ; mais on n'y découvre pas au même degré le talent pour la poésie.

3. C'est le plus faible des cinq, et cependant il ne manque nullement d'expression ou de sagacité : le nez seul indique décisivement de la finesse, du jugement et de l'esprit.

4. J'y aperçois, plus que dans les précédens, un jugement sain et un esprit clairvoyant : il a sur-tout plus de calme et de noblesse que le n° 3.

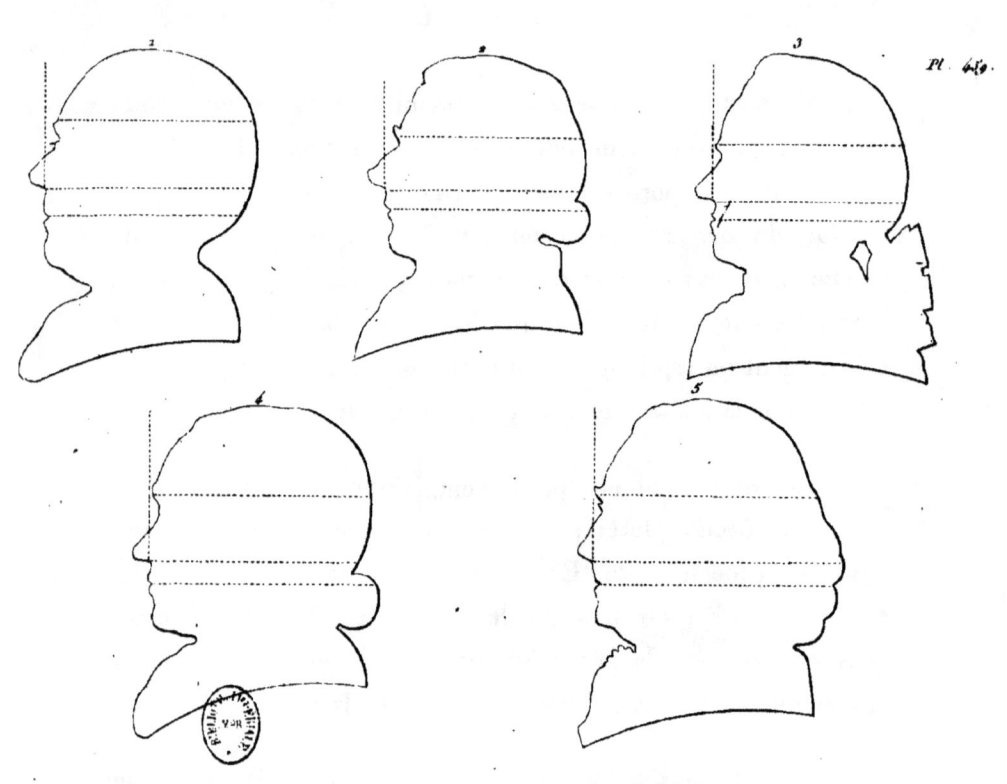

5 l'emporte sur tous les autres : le bas du profil exprime plus de génie, un caractère plus ardent et en même temps aussi plus froid. Ce jugement paraît contradictoire ; mais il ne l'est point, à mon avis : la plupart des gens vifs sont pleins de feu pour ce qui les concerne eux-mêmes, et ils restent froids pour ce qui leur est étranger. Dans ce profil-ci, le génie et la chaleur se peignent dans le contour du front et dans le sourcil.

QUATRE PROFILS.

Il s'en faut de beaucoup que ces quatre profils puissent passer pour des profils ordinaires. Ils ont ceci de commun, que le bas du visage avance en saillie, et que le haut se retire en arrière.

Le front n° 1 est plus reculé que tous les autres ; le n° 2 l'est un peu moins ; le n° 3 encore moins que le n° 2, et le n° 4 beaucoup moins que le n° 3.

Le premier de ces profils a la plus belle proportion, mais je ne lui accorderais ni le plus de pénétration ni un génie créateur.

Il a le jugement sain : libre de préjugés, il ouvre son cœur à la vérité, la reçoit et en tire parti. Plus que les trois autres il a le goût, ou, si l'on veut, le sens du beau ; il se distingue par une activité infatigable ; il agit avec prudence, et toujours avec noblesse.

2 est une des têtes les plus originales que j'aie jamais vues, un génie proprement dit, mais qui n'est guère capable d'approfondir et de suivre son sujet : il est, pour ainsi dire, toujours en l'air ; il saisit promptement les choses, mais il les laisse échapper de même. Avec beaucoup d'éloquence, il n'a pas le don de la persuasion. Le nez décèle de l'esprit et de la sensibilité. L'ensemble du contour annonce un caractère entreprenant et hardi, sans énergie marquée.

3 a plus de bonté naturelle que les autres ; on la reconnaît

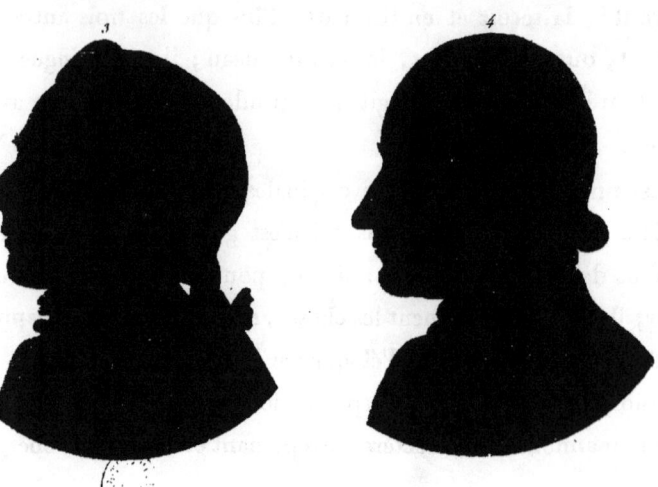

sur-tout dans le bas du visage ; le haut indique un tact exquis pour sentir les beautés de la nature, de l'art et de la poésie.

Le quatrième profil est le plus profond et le plus pénétrant ; c'est un esprit de recherche et d'analyse qui fait contraste avec le n° 2. Il leur serait impossible de vivre long-temps ensemble ; l'humeur sage et posée de l'un ne pourrait s'accorder avec le génie pétulant de l'autre. En attendant, les n° 1 et 3 se divertiraient un peu de leurs différens.

C'est une singularité assez remarquable qu'entre vingt profils de grands hommes il y en a dix-neuf dans lesquels le haut du visage se retire en arrière, et le bas s'avance en saillie ; tandis que cette coupe de physionomie est très-rare chez les femmes, même les plus distinguées.

LES ÉTUDES DE LA PHYSIONOMIE.

DEUX PROFILS.

Ces deux profils ne seront jamais confondus dans la classe ordinaire. Remarquez de nouveau combien le bas du visage est plus avancé que le haut.

La ligne droite et perpendiculaire qui borde le contour du bas du visage n° 1 dénote moins de génie que l'on n'en aperçoit dans le visage n° 2 ; mais on y découvre, plus que dans ce dernier, un esprit d'ordre et d'exactitude.

Le front n° 1 possède cette espèce de pénétration qui tient à l'analyse : on ne la retrouve point dans le front n° 2 ; mais celui-ci a plus de richesse et d'invention. Je crois reconnaître, sur-tout dans le contour du nez, la marque distinctive d'un grand génie : la bouche, quoique un peu molle, ne le dément pas ; mais il est pourtant probable qu'elle a perdu de son expression dans le dessin.

Tom. 8. Pl. 462.

DES SILHOUETTES.

TROIS PROFILS.

Le profil n° 1 était pour moi un problème difficile à résoudre : j'y trouvais de l'originalité, et en même temps un mélange d'énergie et de faiblesse, de grandeur et de petitesse. Je m'adressai donc à un ami qui avait connu la personne représentée dans cette silhouette, et voici les détails qu'il me communiqua à son sujet :

« C'est le portrait d'un homme foncièrement bon et estimable ; d'un homme vif et ardent, dont les procédés étaient pleins de franchise et de noblesse. Naturellement sensuel, il savait combattre ses penchans. Il était d'un commerce doux et agréable. Dans l'adversité, qu'il n'a que trop connue, il paraissait découragé, embarrassé, et on eût dit qu'il rongeait son frein en secret. Il professait la médecine avec beaucoup de succès ; et, malgré la faiblesse de sa santé, il suivait sa vocation avec la plus grande assiduité. Il avait plus de finesse que de profondeur dans le jugement ; une imagination vive, mais un peu guindée. Il était admirable dans les cas où il s'agissait de se décider promptement et de risquer un coup hardi, et il s'est distingué par des cures qui auraient dû lui faire obtenir une place dans les premières académies. »

Les deux silhouettes n°s 2 et 3, dont les originaux me sont inconnus, ne sont certainement pas d'une trempe commune. Ici encore ce n'est pas seulement l'ensemble de la forme, mais c'est encore, en particulier, ce nez ferme et mâle qui décide du caractère distingué de la femme. Dans le profil de l'homme, le contour et la position du front, le bas du visage, qui avance en saillie, indiquent un mérite supérieur. Je me rappelle peu de physionomies (et l'original, j'en suis sûr, produit cet effet bien plus que la copie); je me rappelle, dis-je, peu de physionomies qui expriment un caractère plus mâle, plus décidé, plus ouvert et plus facile, et sur lesquelles on aperçoive un plus heureux mélange de condescendance et de fermeté, de circonspection et de franchise. Je m'en rappelle peu qui joignent à l'universalité des connaissances autant d'habileté et de savoir-faire. Un couple aussi bien assorti que celui-ci est une espèce de phénomène.

DES SILHOUETTES.

Albert de Haller.

Parmi tant de centaines de silhouettes que j'ai vues et rassemblées, en voici une qui ne se distingue pas moins entre toutes les autres, que l'original qu'elle représente se distingue lui-même entre tous les savans. Personne, je pense, n'en disconviendra.

Je crois pouvoir soutenir qu'un imbécille né, qu'un esprit borné n'a jamais eu un tel profil, un tel front, ni un tel nez.

Et, malgré tous ces traits si décisifs et si fortement prononcés, aucun peintre, aucun dessinateur n'a bien saisi la ressemblance de cet homme extraordinaire, ni de face ni de profil; nous n'avons, que je sache, pas un seul portrait de lui qui soit parfaitement caractéristique.

Clarté d'esprit, ordre, précision et netteté dans les idées; le talent de les exposer dans leur plus beau jour; une imagination inépuisable et qui peint en peu de mots; une mémoire prodigieuse et sûre; une énergie toujours soutenue, et le sentiment intime de cette énergie; une érudition universelle, également profonde et solide; une application sans exemple, qui n'est ni brouillonne ni inquiète; de la prudence et de la dextérité; un esprit de calcul qu'il étend à tout avec une justesse étonnante et sans la moindre pédanterie; et, avec tant de grandes qualités, le plus haut degré de sensibilité et d'intérêt pour tout ce qui est beau, noble, vrai, divin ; ce sont là quelques-uns des traits connus et avérés du caractère de cet homme célèbre, dont le profil ne nous offre ici de sa ressemblance que les contours extérieurs.

Qu'elle dit peu et beaucoup cette seule ligne ! Avec quelle force et quelle vérité elle exprime tant de facultés différentes ! Qu'avant tout on fasse attention au nez, à ce trait distinctif et d'un esprit lumineux. On peut être un homme très-judicieux sans avoir cette expression. Mais là où elle se trouve, là on trouve aussi du jugement et de la sagesse, à moins que ces dispositions n'aient été viciées ou étouffées, soit par une négligence totale, soit par les plus étranges accidens. Soyez-en sûr, tout comme vous l'êtes, qu'entre mille personnes, il n'y en a pas une seule dont le nez ne soit placé entre les deux yeux. Quand je n'aurais pas fait une seule découverte en physiognomonie, quand je me serais trompé dans toutes mes observations, je garantirais du moins celle-ci.

En second lieu, le contour du front, sa position et son rapport avec le menton, méritent également un examen sérieux.

On peut juger par le bas du profil, que l'application infatigable de cet illustre savant ne provient pas d'une simple activité turbulente et indéterminée, mais d'une assiduité sage et réfléchie, qui suit son objet avec persévérance. Le contour du derrière de la tête indique une certaine roideur, qui, dans ce caractère-ci, semble être le principe de sa grande application.

J'ajoute un second profil de Haller ; un des plus ressemblans, ou plutôt le plus ressemblant de tous ceux qu'on a faits de lui. Le contour, l'œil, le nez et la bouche, y retracent encore la finesse et la pénétration du jugement ; mais, quant à moi, j'aime mieux m'en tenir à la silhouette, qui exprime moins, si l'on veut, mais qui rend le peu qu'elle exprime avec plus de vérité, de justesse et de précision. La pointe du nez et son contour, en général, ont évidemment plus de finesse, d'expression et de goût dans la silhouette ; et la section du front, dans le portrait, n'offre rien, à beaucoup près, d'aussi spirituel que celle de la silhouette.

QUATRE PROFILS DE GRANDS HOMMES.

Ces quatre profils diffèrent beaucoup entre eux, mais ils annoncent tous des facultés extraordinaires. L'Allemagne place les originaux au rang de ses plus grands hommes; et; en effet, il faudrait avoir bien peu de tact physiognomonique pour ne pas reconnaître aussitôt dans leurs traits la supériorité du génie.

1. Le plus sublime et le plus élégant des poètes allemands. Voici le jugement qu'un observateur éclairé a porté de cette silhouette. « La délicatesse du contour de ce front (et, selon moi, l'os de l'œil en particulier) indique un jugement sain ; l'élévation au-dessus de l'œil, de l'originalité et de la finesse. La bouche renferme une expression de douceur et de précision ; la liaison de la bouche avec le menton, de la fermeté. Dans l'ensemble, c'est le calme de la paix, la pureté du cœur, la modération dans les désirs. » Admirablement bien dit ! J'ajouterai seulement que le haut de ce visage semble être destiné plus particulièrement pour être le siége de la raison, comme le bas pour être celui de l'imagination ; c'est-à-dire, que je crois apercevoir dans le haut, pris à part, le sage plutôt que le poète ; et dans le bas, considéré séparément, le poète plutôt que le sage.

Il y a dans la liaison des parties une aisance qui est de la plus grande signification. Le vol hardi, le merveilleux, le goût, que

Tom. 8. Pl. 46.

nous admirons dans les ouvrages de ce poète, ne se retrouvent pas, j'en conviens, dans la silhouette : elle est un peu trop tendue par le bas, ce qui provient apparemment de l'effet d'une lumière mal placée.

Plus les os, ou, pour mieux dire, plus les principaux contours des os du front sont aigus, plus le poète mettra de raison dans ses vers, mais aussi moins y mettra-t-il d'images, de coloris et d'invention. L'imagination étend et dilate, le jugement aiguise et concentre.

2. Silhouette d'un homme qui se distingue par la finesse de son esprit et par beaucoup de pénétration, et qui est sur-tout grand physionomiste.

La finesse, considérée en elle-même, est une qualité réelle, la qualité d'un esprit pénétrant qui saisit jusqu'aux plus légères nuances des objets. On peut abuser de cette faculté, comme on abuse de toutes les autres : on l'admire dans Bossuet, on la déteste dans l'adversaire du vertueux Fénélon.

L'original de ce portrait est un des plus fins observateurs que je connaisse : il a étudié les hommes avec une sagacité peu commune. Aussi découvre-t-on moins dans son profil le génie créateur, qu'une sensibilité exquise, et une habileté admirable pour classer, combiner et transposer les objets que son coup d'œil embrasse. Je ne parlerai point de son caractère moral ; et, en général, je serai fort circonspect à cet égard dans la suite ; mais je puis dire au moins que j'ai vu l'homme dont nous avons ici l'image ; que j'ai reconnu la noblesse et l'excellence de son cœur dans des momens qui paraissaient décisifs.

3. L'original de ce profil ne m'est point connu personnellement, mais voici les détails authentiques qui m'en ont été fournis. « Grand mathématicien et grand physicien, il est devenu l'un et l'autre sans instruction, et sans la moindre teinture d'éducation savante. C'est l'ame la plus droite qui existe ; il a la simplicité d'un enfant dans le commerce de la vie ; il est doux envers ceux qui l'offensent ; doux comme un ange envers ceux qui l'ont trompé ou même volé ; je l'ai vu calme et tranquille le jour qu'on lui avait pris tout ce qu'il possédait en argent comptant ; caractère des plus nobles et des plus désintéressés. »

Lecteurs sensibles, qui vous réjouissez de trouver dans un monde corrompu et pervers des cœurs droits et généreux, arrêtons-nous un instant devant l'ombre parlante de cet être respectable.

Un juste discernement, une attention réfléchie, beaucoup de pénétration et de solidité ; c'est ce qu'on ne saurait méconnaître dans l'arc du front, dans l'os fortement prononcé de l'œil. Une modération indulgente plane visiblement sur cette lèvre pleine de douceur et à demi fermée. Application et candeur, sans la moindre prétention, dans le bas du profil ; jugement clair et profond dans le haut.

4. Nous avons déjà rapporté précédemment une silhouette de cette tête; je ne dirai point au juste laquelle des deux est la plus ressemblante, car il s'est passé vingt ans depuis que j'ai vu le grand homme qu'elles représentent. Celle-ci du moins caractérise, à ne pas s'y tromper, l'esprit de recherche, le talent d'analyser les idées, la finesse et l'élégance du goût. Il n'est pas un seul de mes lecteurs, de quelque nation qu'il soit, qui osât dire ou penser, que c'est là peut-être le profil d'un imbécille. Personne ne sera tenté de nous contredire; quand nous affirmerons que l'arc de ce beau front, que l'os tranchant de cet œil, que cet enfoncement à côté de l'œil, que le contour de ce nez, que ce passage rapide du nez à la lèvre, que l'élévation et la forme des deux lèvres, que l'harmonie de cet ensemble, indiquent un homme judicieux, qui cherche son pareil entre dix mille.

Oui, elle est vraie, la physionomie, et d'une vérité incontestable. Une seule ligne extérieure est déjà d'une expression infinie; et si une seule ligne en dit tant, que sera-ce de mille, qui toutes se réunissent dans le même visage, que nous pouvons retrouver, observer et étudier sous tant de faces différentes?

SIX SILHOUETTES MARQUÉES PAR DES LIGNES.

Nous mettons ici en opposition six silhouettes entièrement différentes. Pour rendre cette différence d'autant plus sensible, nous les avons marquées par des lignes qui fixent les rapports des parties principales du profil, et la diversité de leur position. Nous pensons que cette méthode satisfera ceux de nos lecteurs qui cherchent moins à s'amuser qu'à s'instruire ; elle facilitera leurs observations, et leur fera entrevoir la possibilité de réduire un jour la science des physionomies à des principes sûrs, du moins en partie.

Sous combien de faces différentes peut-on considérer le simple profil dessiné en silhouette ? Que de variété les lignes qui coupent les profils de la planche ci-jointe ne fournissent-elles pas ! variétés auxquelles la plupart du temps on ne fait aucune attention.

D'abord nous y voyons l'étendue des neuf sections horizontales que nous avons adoptées, et qui se distinguent même dans les visages d'égale grandeur.

En second lieu, la largeur inégale ou la diversité de la surface depuis l'extrémité des cheveux du front jusqu'à la pointe du nez. Comparez sur-tout *a*, *b*, *c*.

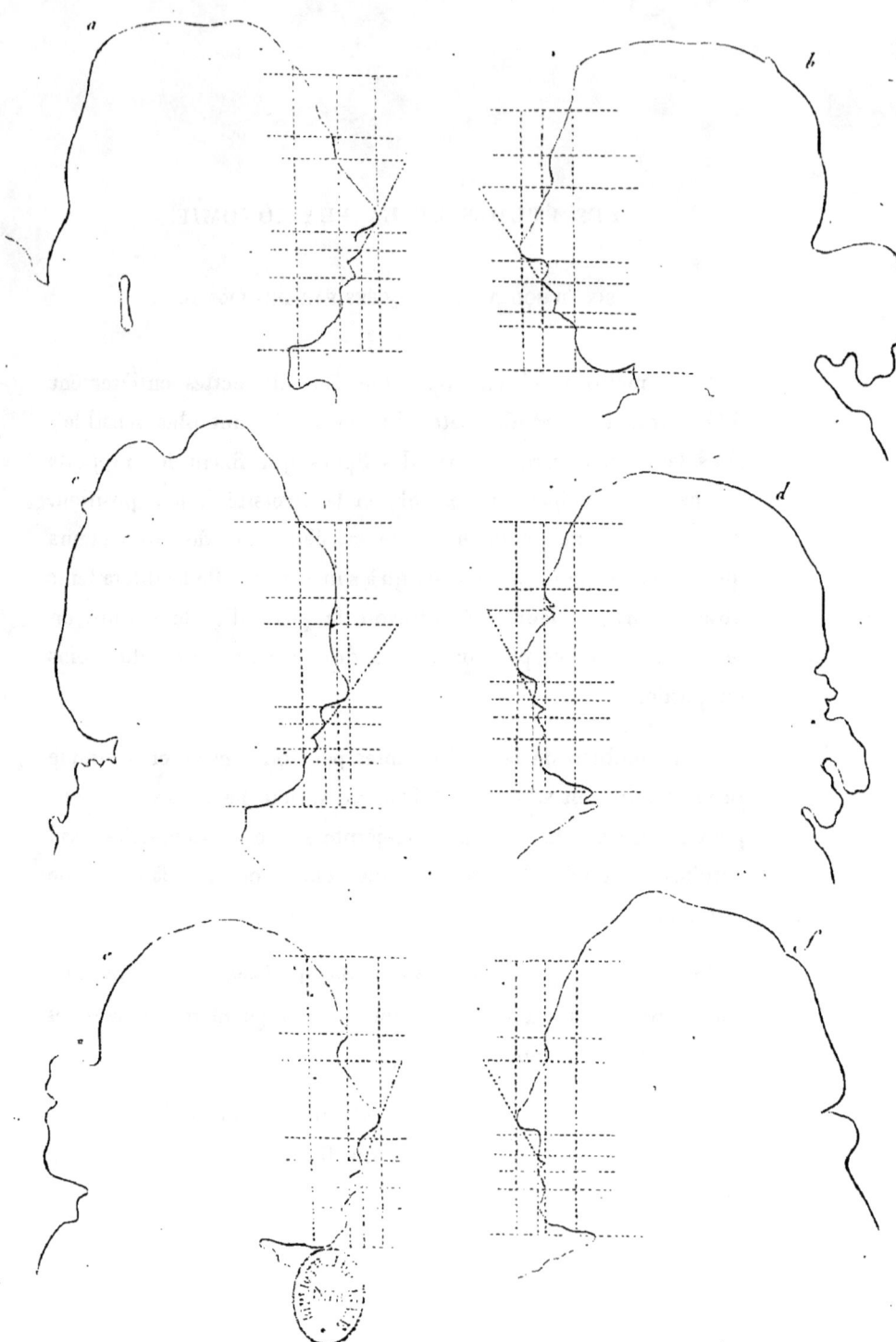

Troisièmement, la courbure différente de toute la forme du visage. Comparez à cet égard les profils *a* et *e*.

Enfin l'inégalité de chaque section prise à part, et les différens angles que chacune forme en particulier.

J'ai remarqué que plus un caractère est efféminé, plus les lignes du visage sont courbes et plus le menton recule, ainsi que cela paraît dans le profil *b*, et encore plus distinctement dans *c*.

Entendons-nous cependant. Un menton qui recule n'est pas la marque absolue d'un caractère efféminé et mou; souvent il cache le courage le plus mâle. Dans le premier cas, les contours du haut du visage sont en même temps obtus et arrondis, et n'ont rien d'anguleux.

Un menton saillant est toujours le signe d'un caractère ferme et prudent; d'un esprit qui sait réfléchir, comme vous pouvez l'observer en partie dans les profils *d* et *f*, ou, pour parler plus clairement encore, un menton saillant, pourvu qu'il n'avance pas au point de ressembler à la forme d'une anse, est une marque infaillible de force et de sagesse.

Un front dont la voûte sans sinuosités est aussi unie, aussi continue, aussi obtuse que dans la silhouette *c*, un tel front n'admettra jamais un nez aquilin; le contour du nez sera concave, et cette concavité, et le contour circulaire voisin de l'os de l'œil, supposent toujours un menton qui recule.

C'est une étude dans laquelle je n'ai fait encore que les premiers pas, et je commence à peine à saisir et à déterminer ces différens rapports ; mais je pressens avec une persuasion qui approche de la certitude morale, qu'un physionomiste mathématicien du siècle suivant apprendra à déterminer l'ensemble d'un profil, d'après un nombre donné de sections exactes, tout comme nous savons déterminer les abscisses d'une parabole par ses ordonnées, et les sections d'une parabole par les abscisses.

La nature est homogène et géomètre dans toutes ses opérations et dans toutes ses créations. Jamais elle ne compose un tout dont les parties soient discordantes ; et de même que la progression de la section d'un cercle ou d'une parabole est toujours uniforme, de même aussi nous devons supposer que la progression d'une section du visage, pris dans son état de repos, ne saurait varier. Je prévois que cette idée choquera des lecteurs philosophes, que je respecte et que j'estime, et auxquels je crois mille fois plus de lumières que je n'en ai ; mais je leur demande pour toute grace, qu'avant de se fâcher, ils passent quelques années, comme moi, à faire des observations.

Peut-être ne sera-t-on pas disposé à m'accorder qu'il y a moyen de déterminer mathématiquement les rapports dont je viens de parler (la chose serait effectivement très-difficile dans l'exécution, quand même on la croirait possible en théorie). Cependant j'espère qu'on voudra convenir avec moi que telles sections du profil exactement déterminées (et par conséquent aussi toutes les positions et tous les contours du visage, sous quelque point de vue qu'on les prenne, pourvu que le profil même nous offre la ligne la plus facile à trouver et à déterminer); on conviendra, dis-je, que telles sections du profil exactement données, excluent absolument tels autres contours dans le reste du profil; qu'ainsi telle section donnée ne saurait admettre aussi que telle progression; ou, supposé que telle progression soit susceptible de variété, qu'elle sera du moins toujours analogue aux premiers traits.

Amis du vrai, qui observez la nature, qui adorez avec moi un Dieu qui détermine toutes choses; ne décidez point à la hâte, mais aidez-moi à faire des recherches. Ne dictez point des lois à la nature; c'est à elle à parler, et à vous d'écouter.

Ajoutons deux mots sur la signification des six profils de la planche ci-jointe.

a. Silhouette d'un bon jeune homme. Il a un caractère franc, un naturel heureusement tempéré, le jugement sain, mais sans pénétration proprement dite. On remarque de la solidité dans ce visage; il n'est point lâche, mais il est peu entreprenant; il a beaucoup de penchant à la sensualité, mais il sait modérer ce penchant.

b. Le frère du précédent, avec un air de famille dans la bouche. Il est plus réservé que l'autre, peut-être même est-il têtu. Le front, jusqu'à la jonction du nez, est d'une fermeté qui approche de l'opiniâtreté; et, quoiqu'il manque de précision, à en juger par la partie voisine des sourcils, il montre pourtant, ou du moins il laisse espérer de la capacité, et sur-tout le talent de saisir et de rendre les beautés qui frappent les sens. Le rapport du nez avec la bouche et le dessous du menton, dénote au juste un esprit insouciant, qui est ferme et réservé dans ses opérations.

c Il est à croire que ce visage n'a pas été dessiné avec assez de vérité : tel qu'il paraît ici : il porte l'empreinte de la mollesse, de la faiblesse et de l'obstination ; de cette espèce d'obstination sur-tout qui caractérise la faiblesse d'esprit, l'embarras et l'insuffisance. Je ne l'accuserai pourtant pas de méchanceté ni de bassesse. Il est des visages qui gagnent en face ce qu'ils perdent en profil, et celui-ci pourrait être du nombre. Ces sortes de nez camus indiquent souvent de la facilité à recevoir les impressions des sens ; quelquefois ils annoncent la légèreté et l'insouciance. S'il s'y joint encore d'autres traits caractéristiques, ils deviennent la marque d'un esprit borné, ou même stupide.

d. D'après mon sentiment et mon expérience, je donne cette physionomie pour heureuse, sage, judicieuse et sincère ; pour un caractère fixe, constant et ferme.

e. Son jugement atteint presque la pénétration. J'en augure ainsi par l'os tranchant de l'œil, et par le contour précis du menton, qui supporte encore un nez retroussé, dessiné comme celui-ci.

f. Je n'aperçois pas ici une grande profondeur de jugement, mais une sage raison, de la circonspection, de la candeur, l'amour de l'ordre et une activité persévérante.

TROIS PROFILS.

1 et 2. Voici les silhouettes de deux hommes judicieux et pleins de talens, qui, malgré l'extrême différence de leurs traits, sont liés par une tendre amitié. Les lignes dont nous avons marqué leurs profils rendent cette différence d'autant plus frappante, et serviront à la déterminer. Cet exemple nous prouve que la plus parfaite harmonie de sentimens peut subsister entre des personnes de physionomie et de caractère différens, mais non pas hétérogènes. J'accorderais au premier visage plus de pénétration et de finesse, au second plus de sens et de bonté. A juger de ces deux hommes par le front, je dirais que le premier mène, et que le second se laisse mener. L'un est ferme et résolu, l'autre est docile et complaisant. Celui-là, délicat sur le point d'honneur, est emporté par sa vivacité; celui-ci suit toujours la pente d'un caractère honnête et doux. Le premier doit être en garde contre l'emportement et la précipitation; le second doit se défier de trop de docilité et de lenteur. Pardonnez, couple généreux, si j'ose vous juger en public. Quoique séparé de vous, je ne cesse point de vous aimer; ce sentiment vous est dû à cause de l'amitié qui vous unit. Agréez l'hommage que mon cœur vous rend ici.

3. C'est la silhouette imparfaite, mais parlante, d'un jeune garçon des plus heureusement organisés. A la noblesse des sen-

Tom. 8.   Pl. 167.

timens il joint une grande vivacité d'esprit et beaucoup de talens. On ne saurait s'empêcher de supposer à ce profil des yeux d'aigle; mais, sans rien supposer, et quoique le beau front soit caché par la chevelure, nous voyons aussitôt que ce n'est pas là un personnage ordinaire ; nous sommes obligés d'en attendre de grandes choses. S'il trompe nos espérances, adieu les physionomies.

CINQ PROFILS.

Je ne connais point les originaux des quatre premiers profils ; mais je soutiens qu'il n'y en a pas un qui soit entièrement vrai, pas un qui soit dessiné avec exactitude. Cependant ils conservent encore assez de vérité pour exercer nos spéculations.

Remarquons d'abord la gradation des formes : la première est la plus droite, la quatrième la plus courbée.

1. Bonté, goût et noblesse dans le plus haut degré ; plus de jugement que de pénétration. Il est évident qu'aucun des trois autres visages n'exprime autant de force et de sensibilité. Je serais tenté d'appeler celui-ci la *bonté personnifiée*.

2 et 3 expriment également des caractères pleins de bonté, des êtres aimans et sensibles, moins sublimes sans doute que le n° 1, mais peut-être plus ingénus, le n° 3 sur-tout. Le front n° 2 ne saurait être vrai : une ligne aussi droite, une chûte aussi rapide, n'est pas naturelle, et moins que jamais dans un visage si plein de douceur.

Le quatrième profil pourrait bien être celui de la plus sensée et de la plus spirituelle des cinq personnes que nous voyons ici ; mais si je dois admettre ce nez, qui certainement indique un esprit perçant, il faut que le passage du front ait été manqué par le dessinateur.

Si j'avais à choisir, je formerais mon goût avec la première ; je prendrais la seconde pour disciple ; la troisième m'instruirait à la vertu ; la quatrième serait mon conseil, et je recevrais ses avis avec une déférence filiale.

5. Cette autre silhouette nous montre une femme à talent, très-heureusement organisée, qui a de la noblesse, de la pénétration et de la sagesse, et qui n'est pas loin de la grandeur. *Qui n'en est pas loin !* Et pourquoi ? parce qu'elle a trop de vivacité, trop d'irritabilité, trop peu de calme ; et une grandeur sans mélange demande un calme parfait. Ce caractère a assez d'énergie pour devenir calme ; mais il faudrait faire pour cela des efforts dont il n'aurait pas besoin si sa tranquillité était naturelle. Dans ce dernier cas, il aurait plus de grandeur innée ; à présent il a plus de vertu ou de mérite moral.

LES ÉTUDES DE LA PHYSIONOMIE.

G. St.

Nous voyons ici un homme mûr à côté d'un jeune garçon de grande espérance.

Quoique dans les silhouettes de tout le corps l'effet de la lumière nuise toujours à la netteté et à l'exactitude du profil, on accordera pourtant sans hésiter à la figure principale le caractère de la sagesse, et au jeune homme de grandes dispositions; abstraction faite, si l'on veut, des attitudes, qui ne sont pas entièrement sans signification. L'une et l'autre physionomie sont pleines d'ame, de vivacité et de résolution. La silhouette de l'homme fait est bien inférieure à l'objet qu'elle représente; cependant il n'est pas possible d'y méconnaître un caractère d'originalité et de grandeur. Ce caractère est sensible dans le contour de la position du front, ainsi que dans le contour du nez et de la bouche : seulement le passage du front au nez affaiblit en quelque sorte cette expression de grandeur ; ce trait n'est pas naturel.

Dans le garçon je découvre une énergie qui est encore cachée et réprimée, mais qui peut se changer en passion violente. Plein de franchise et de courage, d'un naturel gai, il aura à combattre le caprice et l'opiniâtreté. Je l'aime cependant de toute mon ame, quoique je ne l'aie jamais vu et que je ne sache rien de lui. Dans ses attachemens, il mettra, si je ne me trompe, moins de tendresse et d'épanchement de cœur que de vivacité et de constance.

Tom. 8. Pl. 470.

DES SILHOUETTES.

Madame de St.

Ici c'est la mère qui tient, à ce que je crois, le buste d'un jeune garçon que nous avons vu dans l'estampe précédente ; ou ce buste est celui de son frère ; du moins le derrière de la tête s'écarte un peu du premier dessin, c'est-à-dire, qu'il a un peu plus de délicatesse. D'ailleurs le front, le nez et la bouche, ont conservé le même caractère, à la seule exception que, dans le buste, les traits sont plus marqués et plus précis, ceux sur-tout qui avoisinent le menton.

Je laisse aux connaisseurs le soin de juger la figure de la femme. Prise dans son ensemble, elle me paraît des plus nobles et presque spirituelle. J'y trouve, ce que je trouve si rarement, beaucoup d'harmonie dans l'ensemble. Le profil en lui-même, la manière dont elle tient le buste, l'attitude du corps en général, tout montre, et je parle avec assurance, quoique je ne connaisse l'original que de nom ; tout montre un sens exquis, beaucoup de courage, de résolution, et de fermeté. Ce visage semble promettre avec certitude une qualité très-rare chez les hommes, et bien plus rare encore chez les femmes, l'art d'écouter tranquillement et avec intérêt ; art qui embrasse tant de choses, qui rend l'homme si estimable et par le cœur et par l'esprit. Dire de quelqu'un que sans affectation il écoute tranquillement et avec intérêt, c'est le plus bel éloge qu'on puisse en faire.

DEUX PROFILS.

Deux femmes du premier mérite, d'un caractère très-différent, mais non pas incompatible. L'une brille dans le commerce du grand monde, l'autre est une savante qui pense finement. Je suis sûr que d'après cette distinction tout observateur tant soit peu attentif saura retrouver le caractère de ces deux silhouettes. Il balancera d'autant moins, si j'ajoute que l'une est posée et l'autre inquiète ; l'une voit en gros, l'autre en détail ; l'une décide promptement, l'autre examine et discute ; l'une a plus de dignité, l'autre plus de pénétration ; l'une est ouverte et docile, l'autre est obstinée et pleine de réserve. Lecteurs, il ne faut qu'un coup d'œil pour juger ainsi : prononcez vous-mêmes.

Il me reste une vérité à dire, et j'espère qu'elle n'offensera personne ; une vérité qui tombe sur tous les individus d'une espèce, ne saurait offenser. La voici donc cette vérité : « Le jugement dans toute la force du terme, l'analyse exacte du sens individuel et de la valeur des mots considérés comme signes arbitraires des idées ; c'est de quoi les femmes ne sont guère capables. La raison et le sentiment de la vérité, voilà leur partage. » Ce n'est pas, au reste, que je veuille refuser ce jugement proprement dit à toutes les femmes en général. La règle souffre des exceptions ; mais elles sont en très-petit nombre. Le profil 2 en est une : il mérite cette distinction par le contour et la position du front.

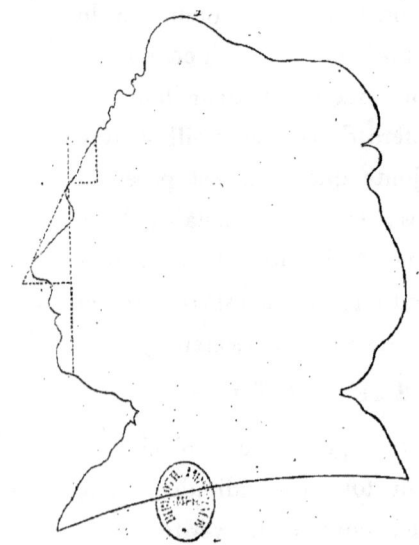
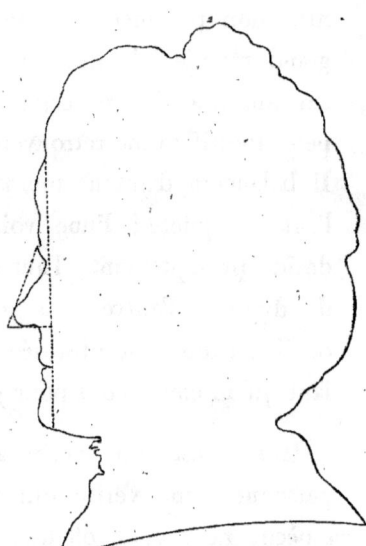

Tom. 8. Pl. 472.

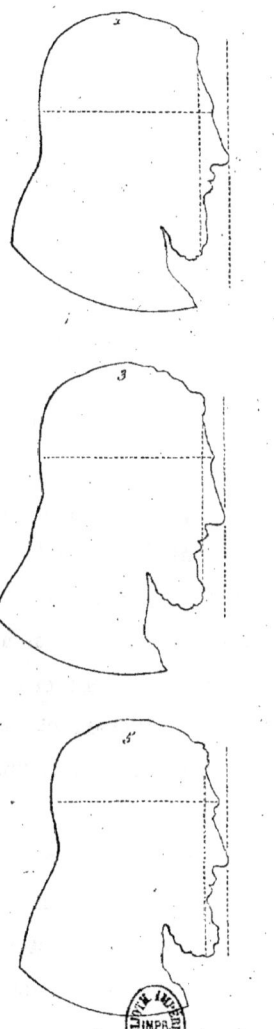
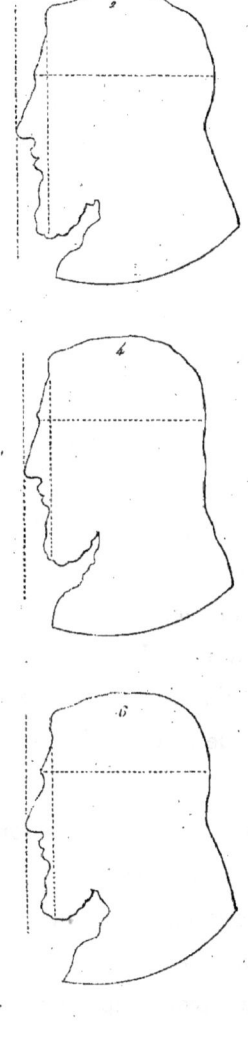

Silhouettes de Christ.

Les six profils de la planche ci-jointe ont été dessinés en différens temps, d'après un buste qui doit représenter Jésus-Christ. En les examinant séparément, et en les comparant ensuite les uns aux autres, ils pourront fournir matière à quelques observations intéressantes.

Ils ont tous l'air inquiet et chagrin, une expression d'indifférence qui tient de près à la faiblesse.

Chacune de ces silhouettes porte une certaine empreinte de grandeur, et cependant il n'en est pas une seule qu'on puisse appeler grande. Ce qui les fait paraître telles, c'est le nez ; et, quant à cette partie, les n°s 1, 2, 5, 6, sont bien supérieurs aux autres ; le même trait n'a rien de distingué dans le 3 et le 4. Parmi les fronts, le 3 est le moindre ; il peut même passer pour dur. Le 4 ne vaut guère mieux. Viennent ensuite le 2 et le 6 ; mais le 1 a beaucoup plus de noblesse, et s'accorde avec le contour du nez ; le 5 approche le plus de la vraie grandeur.

Les bouches son toutes trop charnues, ce qui leur donne un air indolent, embarrassé et disgracieux. C'est le jugement que nous portons en particulier de la 3, 5 et 6 ; mais j'excepterais en quelque façon la 2 et la 4, lesquelles, sans avoir un caractère de dignité, n'ont cependant rien de commun.

Le n° 2 a le plus d'harmonie dans l'ensemble.

Il y a de la disproportion entre ces longs nez et ces fronts trop étroits.

En général, aucune de ces têtes n'est digne d'être l'idéal de Jésus-Christ.

Ah! si l'antiquité nous avait transmis un profil exact de ce divin Jésus, que cette image serait chère à mon cœur! Je sacrifierais tout pour la posséder; elle serait pour moi le monument le plus auguste et le plus saint. Oui, je reconnaîtrais dans ses traits célestes, le témoignage des vérités qu'il nous a laissées. J'y retrouverais tout le caractère de son Évangile; et cette preuve parlerait plus à mon esprit que les versions les plus fidèles, que les manuscrits originaux mêmes.

DES SILHOUETTES.

QUATRE PROFILS.

1. A coup sûr ce profil est celui d'un homme spirituel, bon et généreux, qui réunit, par un assemblage des plus rares, le jugement et la sensibilité, le talent de la poésie et un génie métaphysique. Il n'arrive pas souvent que tant de goût se joigne à tant de savoir, tant de bonté d'ame à tant de pénétration.

Je conviens que la silhouette n'est pas sans défauts, et qu'elle aurait pu rendre ces différentes qualités avec plus de précision et de vérité; mais, d'un autre côté, nous retrouvons l'expression de ces qualités dans la forme principale, où elles reparaissent avec avantage, ou plutôt d'une manière décisive.

Un front aussi net et qui penche en arrière, la chûte presque imperceptible de ce nez, ces lèvres doucement fermées, ce menton saillant et cette belle harmonie dans l'ensemble; ce sont là des signes auxquels on peut reconnaître un caractère comme celui-ci.

2. Je ne connais pas ce profil dont la forme, trop ovale, a quelque chose de singulier. S'il n'offre rien de grand, il annonce du moins un penseur doué de beaucoup de talens, mais dont le tempérament flegmatique et sanguin est peu susceptible de passions.

3. Le front, le nez et le derrière de la tête, dénotent un

bon sens qui va jusqu'à la pénétration. Vous trouvez dans cette silhouette de la netteté, un esprit méthodique; mais n'y cherchez point la finesse et l'élégance.

La 4e tête m'est encore inconnue, et pourrait bien être une caricature; mais elle n'en est pas moins la tête d'un homme profond, qui pense par lui-même, et pour qui la recherche de la vérité est un besoin : caractère réservé, ferme et mâle, auquel j'accorderais peut-être plus de profondeur qu'aux trois autres profils de cette estampe, et seulement moins de clarté qu'au n° 1.

Encore un exemple frappant : combien la simple silhouette est plus vraie et plus expressive que le portrait, celui-ci eût-il jusqu'à un certain point le mérite de la ressemblance !

Ce visage est le même que le n° 1 de la planche précédente.

Ici sans doute la présence de l'œil produit un très-grand effet : il annonce évidemment un jugement sain et lumineux. A ce regard ouvert, qui ne reconnaît un esprit clair et net ?

On s'affectionne également au front. On est sûr que ce n'est pas celui d'un homme ordinaire. Chaque tête pensante accordera son estime à celle-ci, et sera bien aise de se l'associer.

Mais, après cela, comparez la forme des deux visages dans l'ensemble, et vous apercevrez bientôt dans la silhouette des avantages qui disparaissent dans le portrait. Selon moi, l'ombre a bien plus de noblesse et de douceur, de calme et d'harmonie. Le portrait, au contraire, rend avec dureté le contour extérieur depuis le bout du nez jusqu'au menton ; le nez y indique beaucoup plus de sensualité ; la cavité près de la racine du nez n'y est pas assez forte pour devenir le signe caractéristique de la pénétration ; et, d'un autre côté, ce creux est trop marqué pour exprimer l'imagination poétique de l'original ; imagination que je retrouve en plein dans la silhouette, et sur-tout dans le contour qui s'étend depuis l'os de l'œil jusqu'à la moitié du nez. D'ailleurs, la forme du visage est un peu trop ovale ou trop tendue dans le portrait : elle l'est moins dans la silhouette, et, par là même, celle-ci a un grand avantage sur celui-là.

Je ne dirai pas cependant que cette silhouette est un chef-d'œuvre. Il me semble, par exemple, que le sourcil n'aurait pas dû être omis : ce seul trait ajouterait encore à la vérité du profil, et ferait ressortir davantage cette sagacité, dont il offre une expression si naturelle.

J'observerai, pour finir, que la mâchoire a un caractère de sensibilité qui approche assez de la mollesse.

Au premier coup d'œil jeté sur ce profil, je dirais : voilà le visage d'un prince ; et je le jugerais tel sur la simple silhouette, quoique peut-être elle ne soit pas tout à fait exacte. Rien n'annonce ici l'air bourgeois ; et si j'en crois mon sentiment individuel, cette physionomie est une de celles qu'on peut appeler *marquées du doigt de Dieu*. J'y découvre de la noblesse, de la dignité et du courage, beaucoup de résolution ; le grand talent de renfermer profondément ce qui doit être caché, et de communiquer sans réserve ce qui peut être su : talent si difficile à combiner, et si nécessaire pourtant dans un rang élevé. J'aperçois de plus une prudence consommée, exempte de défiance et d'inquiétude ; et, sans avoir vu l'œil, je lis dans le seul contour du front et du nez, un regard sûr, ferme, imposant, qui pénètre l'homme caché, démasque le fourbe, fait trembler le traître, mais qui inspire aussi la confiance à l'homme de bien. Le contour du front est des plus extraordinaires ; il présage les plus grandes et les plus belles entreprises. Le dessin de la bouche est un peu trop dur; mais elle n'en conserve pas moins une expression de candeur, de bonté et de courage.

Nous ne traitons pas encore des fronts en particulier ; mais nous croyons qu'il ne sera point hors de propos, dans le chapitre des silhouettes, de dire un mot des contours du front. Incertain d'ailleurs si ma vie sera assez longue pour compléter et publier ma collection des Lignes physiognomoniques, je ne risque rien de terminer ce fragment par un essai, auquel l'observateur attentif attachera peut-être plus de prix qu'à tout le reste de l'ouvrage.

Les deux planches suivantes sont destinées à démontrer l'importance de la force du crâne et du front, et par conséquent des contours extérieurs du profil, considérés en eux-mêmes. Celui qui se refusera à l'évidence des preuves que cet examen va me fournir, doit fermer mon livre ; qu'il le mette tranquillement de côté, et ne le rouvre plus ; car jamais je ne pourrai le convaincre.

Tom. 8.

Pl. 476.

1.

2.

3.

CONTOURS DES FRONTS.

Presque tous ces fronts sont irréguliers.

Les cinq premiers le sont cependant moins que les autres, parce qu'ils sont en même temps les plus simples de tous. Pris dans l'ensemble, ils peuvent être mis au nombre des fronts perpendiculaires, quoi qu'ils s'écartent tous d'un à plomb régulier. La nature répugne aux perpendiculaires continues. Jamais elle n'y assujettit des corps entiers ; et cette ligne, qui ne se trouve fixée nulle part, n'a été réservée que pour en marquer la chûte.

Le contour *e* est donc le plus extraordinaire, comme le plus perpendiculaire ; et encore y aperçoit-on plusieurs déviations. S'il pouvait exister un contour de front parfaitement perpendiculaire et tiré à la règle, je suis persuadé qu'avec un tel front, un homme serait incapable de former une seule idée raisonnable.

Les cinq premiers fronts appartiennent tous à la même classe. On serait tenté de les appeler des *fronts scrutateurs*. Rien de plus antipoétique du moins. Leur marche est tranquille et lente, grave et sûre : ils ne se détournent ni à droite ni à gauche; tout ce qui tient à l'imagination en est banni ; ils font tout avec poids et mesure ; ils réduisent tout à la règle et au compas. *b* est le plus faible, *e* le plus rêveur.

f, g, h, i, k. Le biais de ceux-ci constitue leur irrégularité. Ils ont l'imagination ardente, emportée, fougueuse ; et, si j'en excepte i, ils annoncent autant de fous capricieux, remplis de bizarreries. k se singularisera encore plus que les autres.

l, m, n, o, p. En voici qui sont un mélange de toutes sortes d'irrégularités. Toute leur vie, et quoi qu'on fasse, ces hommes-là ne produiront qu'extravagances et que folies.

En général tous les fronts de cette planche portent l'empreinte du caprice dans leur trop de hauteur ; et ce défaut seul suffirait pour les rendre irréguliers.

Tom. 8.   Pl. 477.

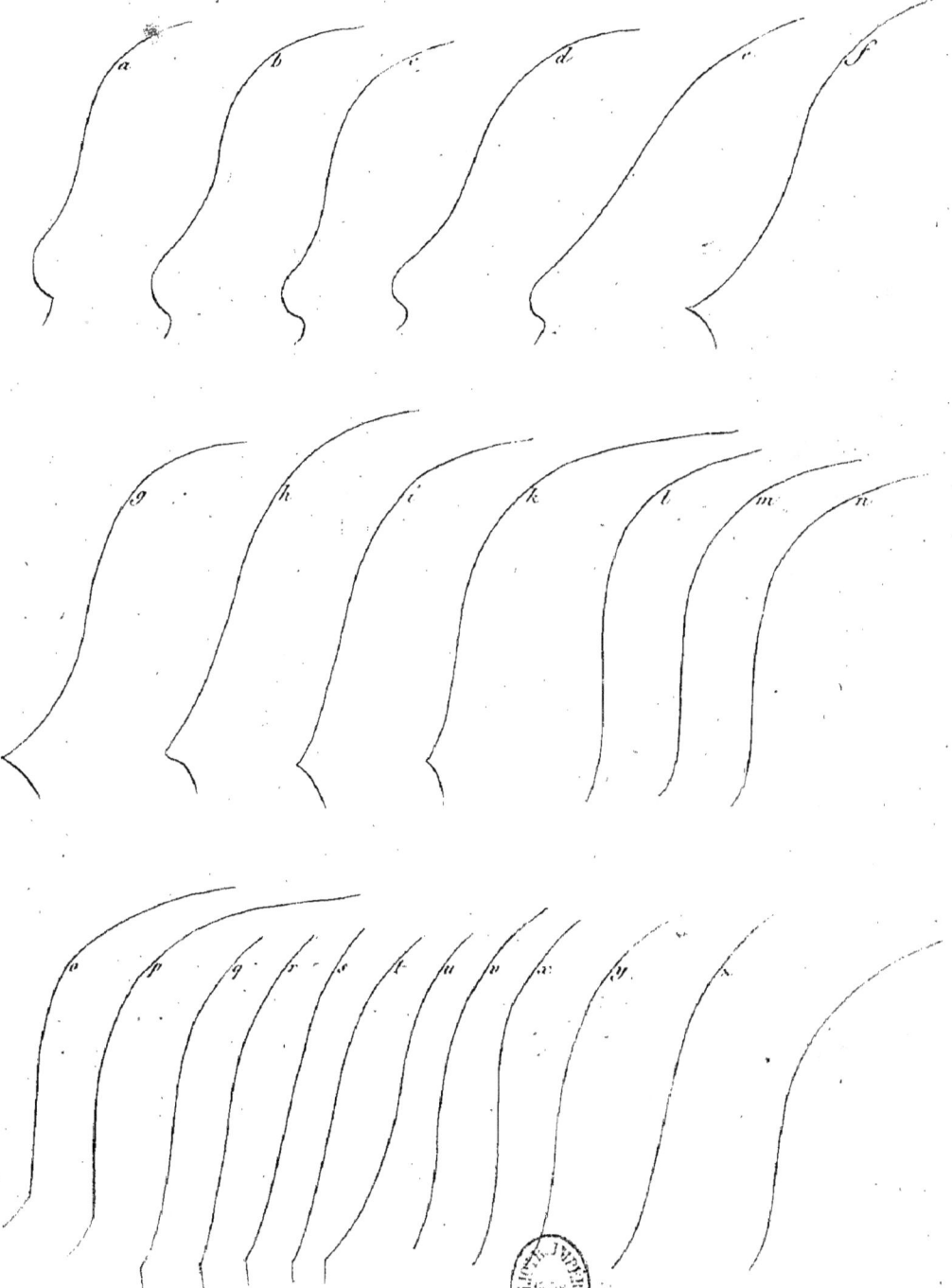

DES SILHOUETTES.

CONTOURS DES FRONTS.

Parmi ces vingt-cinq contours de front, il n'y en a pas un seul qui soit entièrement régulier. *a* l'est plus que les autres, et le serait tout à fait, si la protubérance inférieure remontait un peu plus, et qu'ainsi la concavité du milieu en devînt moins longue. Malgré cela, il se peut encore que ce front soit celui d'un homme très-honnête et très-utile à la société ; mais, quant aux autres, ou ils n'existent nulle part dans la nature, ou bien ils supposent des têtes évaporées, ou enfin des fous et des imbécilles décidés.

Les dessins que je rapporte sont des plus positifs. Qu'on se donne la peine de crayonner fidèlement des fronts humains d'après l'ombre, qu'on les réduise à la même grandeur et qu'on les compare avec ceux-ci. Qu'après cela mes lecteurs me citent un seul front pareil qui appartienne à un homme sage, raisonnable, judicieux, et j'avouerai que je les ai séduits, et je leur restituerai le prix de cet ouvrage, et je leur ferai telle satisfaction qu'ils seront en droit d'exiger. Les fronts *a*, *e*, ne sont pas encore totalement désespérés ; mais le défaut de proportion du sinus frontal avec le milieu et le haut, empêchera toujours que ces têtes-là ne soient entièrement sensées. *b* et *c* sur-tout le seront moins que les autres.

Dans *e*, *i*, je ne vois que des fous, et ils le sont parce que le sinus frontal se termine en pointe. Sans cette pointe, *g*, *h*, *i*, pourraient être sensés encore jusqu'à un certain degré.

Dans les sujets depuis *k* jusqu'à *z*, le caractère de la stupidité provient de ce que la ligne qui s'étend jusqu'au bout du nez, n'admet en aucun sens une progression naturelle. Cette disparate est sur-tout frappante dans tous les fronts de la quatrième et de la cinquième rangée.

La nature ne forme ni contours ni lignes, dont la progression ne soit possible, cohérente, naturelle et homogène.

III.

DE L'ART DU PORTRAIT.

1. L'ART du portrait est le plus naturel, le plus noble, et le plus utile de tous les arts; il en est aussi le plus difficile, quelque facile qu'il paraisse et qu'il devrait être.

L'amour fut l'inventeur de cet art divin. Sans l'amour il se réduit à rien; et cependant où sont les amans qui l'étudient?

La plus grande partie de notre ouvrage et de la science qu'il enseigne, étant appuyée sur cet art, il est juste que nous en disions un mot en passant.

Mais ce ne sera qu'en passant; car cette matière traitée à fond fournirait seule un ouvrage très-volumineux, également neuf et intéressant. J'espère, pour l'honneur de l'humanité et de l'art, que nous aurons un jour cet ouvrage.

Ce n'est pas d'un peintre que je l'attends, quelque habile qu'il puisse être; c'est au physionomiste à l'entreprendre; mais à un physionomiste judicieux, homme de goût et observateur, qui soit en même temps l'ami et le confident d'un grand peintre en portraits. Sulzer, ce philosophe plein de goût, qui envisageait l'art du portrait comme tenant de près à l'intérêt de l'humanité; Sulzer, dans sa *Théorie des Beaux-Arts*, nous a laissé plusieurs remarques excellentes au mot *Portrait* ; mais l'étendue du sujet ne lui a pas permis de l'épuiser dans l'article séparé d'un Dictionnaire.

Qu'on se donne la peine de méditer cet art, et l'on verra qu'il suffit pour occuper toutes les facultés intuitives et actives de l'esprit humain. Cet art ne saurait jamais être approfondi entièrement : on ne le portera jamais au degré de la perfection.

J'essaierai d'exposer quelques-unes des principales difficultés qui se rencontrent dans cette branche de la peinture, et je distinguerai celles qui peuvent être surmontées de celles qui me paraissent insurmontables. Il importe à l'artiste et à l'observateur de connaître bien les unes et les autres.

Qu'est-ce que l'art du portrait ? C'est la représentation d'un individu réel, ou seulement d'une partie de son corps ; c'est la reproduction de notre image ; c'est l'art de montrer dès le premier coup d'œil la forme de l'homme sous des traits qu'il serait impossible de rendre en paroles.

Goëthe a dit quelque part « que la présence de l'homme, que son visage, que sa physionomie est le meilleur texte de tout ce qu'on peut dire de lui. » S'il en est ainsi, et rien de plus vrai, ce me semble, de quelle importance n'est pas l'art du portrait ?

« De tous les objets de nos connaissances, observe M. Sulzer, en est-il de plus intéressant que l'ame douée de la pensée et du sentiment? Il est donc hors de doute aussi que la forme de l'homme, abstraction faite encore du merveilleux de sa construction, est le plus intéressant de tous les objets visibles. »

Si le peintre en portraits reconnaissait cette vérité ; s'il la sentait profondément ; si cette vérité lui était tellement familière qu'il n'eût besoin d'aucun effort pour s'en pénétrer ; s'il était plein de respect pour le chef-d'œuvre du souverain artiste ; si ce sentiment lui était aussi naturel que celui de son existence, que son art lui paraîtrait grand et noble ! Le visage de l'homme serait pour lui aussi sacré que le texte des saintes Écritures devrait l'être au traducteur. Il se garderait bien d'altérer l'œuvre de Dieu, comme tant d'interprètes infidèles ont altéré sa parole.

On s'indigne avec raison contre le traducteur mal-adroit qui défigure un excellent original, et qui manque l'esprit de son auteur. Il en est de même dans l'art dont nous parlons. L'ame se peint sur le visage ; il faut l'apercevoir pour la rendre sur la toile ; et celui qui n'est pas capable de saisir cette expression n'a jamais été peintre en portraits.

« Chaque portrait bien fait est un tableau intéressant, parce qu'il fait connaître l'ame et le caractère d'un individu particulier. Nous y voyons celui-ci penser, sentir, juger. Nous y apercevons le caractère propre de ses penchans, de ses affections, de ses passions ; en un mot, des bonnes et des mauvaises qualités de son cœur et de son esprit, et, à cet égard, le portrait est même plus expressif encore que la nature, dans laquelle rien n'est permanent, où tout n'est qu'une succession rapide de mouvemens variés à l'infini ; rarement la nature offre-t-elle le visage de l'homme dans le jour le plus avantageux que le peintre habile peut lui ménager. »

S'il était possible de fixer dans la nature chaque action momentanée, s'il y existait des points de repos, il serait plus facile, sans contredit, d'observer d'après la nature que d'après le portrait. Mais, comme le cas que je suppose ne peut avoir lieu, les hommes n'étant que trop enclins à fuir l'œil critique de l'observateur, il me paraît évident qu'un excellent portrait est effectivement, pour parvenir à la connaissance du genre humain, d'un plus grand usage que la nature, laquelle ne se montre que par intervalles.

« Il n'en faut pas davantage pour assigner au portrait le rang distingué qu'il doit occuper dans la peinture. Sa place est immédiatement à côté de l'histoire, et celle-ci même emprunte de lui une partie de son lustre ; car l'expression, qui est l'ame du tableau d'histoire, sera d'autant plus naturelle et plus énergique que le peintre aura eu plus d'attention à transporter à ses personnages des physionomies choisies dans la réalité. Une collection de bons portraits est donc une très-grande ressource pour le peintre d'histoire, puisqu'elle lui facilite l'étude de l'expression. »

DE L'ART DU PORTRAIT.

Quel est le peintre d'histoire qui sache représenter des personnages réels, les reproduire jusqu'à l'illusion? Ordinairement on ne voit que trop qu'il a copié des copies; et, supposé même que celles-ci soient le fruit de son imagination, nous y retrouvons encore des portraits de mode, souvent choisis parmi nos contemporains, ou tout au plus parmi nos aïeux.

Cela posé, examinons maintenant quelques-unes des difficultés que le peintre en portraits peut se flatter d'éviter dans son art. J'exposerai mes idées avec une franchise qui offensera peut-être. Je le crains; mais certainement mon intention n'est pas d'offenser. Je cherche à instruire, à venir au secours d'un art qui est l'imitation des œuvres de Dieu. Je voudrais contribuer à ses progrès; et le puis-je, sans en découvrir hardiment les imperfections et les défauts?

L'étude philosophique de l'homme, c'est-à-dire, une connaissance exacte, précise, et en même temps générale de son être, voilà ce qui manque à la plupart des peintres en portraits, et c'est là aussi le grand défaut qui me choque dans presque tous leurs ouvrages.

Qu'un peintre d'insectes ait acquis toute l'habileté possible dans l'art du dessin, il peindra mal encore les insectes s'il ne connaît pas à fond leur structure et leurs qualités dans l'ensemble et dans les détails. De même aussi le peintre en portraits pourra être excellent copiste : talent qui pourtant est plus rare que les meilleurs connaisseurs en dessin ne se l'imaginent quelquefois, et il n'en fera pas moins de mauvais portraits s'il n'a point étudié avec le plus grand soin la structure, la proportion, la liaison, le jeu de toutes les parties grossières et subtiles du corps humain, en tant qu'elles ont une influence marquée sur l'extérieur; s'il n'a point approfondi l'organisation de chaque membre séparé du corps et de chaque partie du visage. Toutes ces connaissances sont absolument nécessaires au peintre en portraits; et jusqu'ici, je l'avoue, il n'en est pas un seul à qui je les aie trouvées. Et, malgré tout ce que j'en dis, il s'en faut bien que je possède moi-même une théorie complète des traits les plus subtils, des traits spécifiques de chaque sens, de chaque membre et de chaque partie du visage. J'aperçois tous les jours que cette théorie si essentielle, si indispensable, est par-tout négligée ou inconnue; et, ce qui est plus fâcheux encore, que les meilleurs peintres la rejettent.

Parmi une multitude de personnes rassemblées au hasard, prenez celles qui se ressemblent le moins; examinez-les séparément, et vous verrez, par exemple, qu'indépendamment des différences les plus marquées, chaque oreille, chaque bouche, a des flexions, des angles et des traits qui sont communs à tous les individus, ou du moins à la plupart. Ces traits seront tantôt plus forts ou plus faibles, plus aigus ou plus obtus, mais on les retrouvera dans tous les hommes qui ne sont pas des monstres, ou qui du moins ne sont pas vicieusement conformés de ce côté-là.

A quoi sert donc la connaissance des proportions majeures du corps et du visage ? connaissance qui, à son tour, n'a pas encore été suffisamment approfondie, et qui certainement a grand besoin d'être rectifiée. (Un peintre physionomiste confirmera un jour cet arrêt : en attendant, je le signe à mes risques.) A quoi, dis-je, nous sert la connaissance des proportions majeures, si nous négligeons d'étudier les traits subtils, qui sont tout aussi vrais, universels, précis et significatifs ? Elle ne sert à rien ; et à cet égard nous sommes tellement en arrière, que je défierais le peintre le plus habile, eût-il fait mille portraits, de nous donner une théorie générale tant soit peu exacte de la bouche. Je ne parle pas de la structure intérieure de la bouche ; mais uniquement de sa forme, en tant qu'elle est relative à l'art, en tant que le peintre pourrait et devrait l'avoir étudiée, sans que j'exige de lui une connaissance anatomique des parties intérieures.

Malheureusement il en est ainsi de toutes nos sciences et de tous nos arts, depuis la théologie jusqu'à l'art du plus simple des artisans. On suit toujours les anciennes routes, on ne fait que répéter et imiter, presque jamais on ne remonte aux sources pour partir de là à nouveaux frais, et sans se mettre en peine des préjugés reçus. De cette manière, on retombe toujours dans les mêmes défauts, et l'on ne sort jamais des entraves que l'on s'est données à soi-même.

Parcourez plusieurs volumes des meilleurs portraits exécutés par les plus grands maîtres, et examinez seulement la bouche (je l'ai fait, et je parle ainsi avec connaissance de cause); mais étudiez auparavant les traits généraux de cette partie, dans l'enfant nouveau-né, dans l'adolescent, dans l'adulte et dans le vieillard; puis, quand vous les aurez trouvés, ces traits, comparez-les aux ouvrages de l'art; et vous avouerez que la théorie générale de la bouche manque à la plupart des peintres, je dirai presque à tous. Ils saisissent rarement ce caractère général; ou, s'ils le saisissent, c'est par hasard. Tout dépend de là pourtant; les détails, les traits caractéristiques, sont-ils autre chose que les nuances de l'expression générale? Les yeux, les sourcils, le nez, et toutes les autres parties du visage, ne sont pas mieux traités que la bouche; par-tout on retrouve les mêmes défauts. Cependant, de même que les parties du visage ont un rapport entre elles; de même que ce rapport est général, malgré toute la diversité des visages; de même aussi il est un rapport entre les moindres traits de chaque partie séparée du visage. Le rapport de ces parties séparées varie à l'infini; et les nuances des traits particuliers de chaque partie sont tout aussi variées, malgré leur ressemblance générale.

Sans une connaissance exacte du rapport qui se trouve entre

les parties du visage, entre les yeux et la bouche, par exemple, ce ne sera qu'un pur hasard et un très-grand hasard si le peintre réussit à marquer ces rapports dans ses compositions.

Sans une connaissance exacte des parties intégrantes qui constituent les parties principales du visage, ce ne sera qu'un pur hasard, et le plus grand hasard, si une seule de ces dernières est bien dessinée.

Ces réflexions doivent suffire pour engager l'artiste à étudier soigneusement la nature, s'il veut devenir habile dans son art. Ce n'est pas que je lui conseille de négliger les ouvrages des grands maîtres : ils méritent sans doute son estime ; mais nulle considération, nulle modestie ne doit l'empêcher de voir par lui-même, et d'observer la nature en grand et en petit, comme si personne ne l'avait étudiée avant lui, et ne devait l'étudier après lui. Sans cette attention, jeune artiste, votre gloire brillera et s'éclipsera comme un météore, et votre réputation ne sera fondée que sur l'ignorance de votre siècle.

La plupart des peintres en portraits, et même les plus habiles, ainsi que la plupart des physionomistes, croient faire des merveilles lorsqu'ils expriment le caractère des passions dans les parties mobiles et musculeuses du visage. Ils ne vous écoutent pas ; ils se moquent de vous si vous leur dites que les parties solides, indépendantes du mouvement des chairs, sont la base fondamentale du dessin et du tableau. En vain leur alléguezvous des preuves, en vain leur donnez-vous des conseils, ils suivent leur pointe avec une opiniâtreté qui désespèrerait la patience des anges.

Tant qu'on ne prendra pas des mesures bien entendues pour perfectionner l'art du portrait ; tant qu'une société physiognomonique ou une académie de peintres physionomistes n'en fixera pas les principes, nous ne marcherons qu'à pas de tortue dans la carrière de la science dont nous traitons, tandis qu'il serait si aisé d'y avancer à pas de géant !

L'un des principaux obstacles qui s'opposent aux progrès de cette science, est l'état surprenant d'imperfection dans lequel se trouve encore l'art du portrait.

Tantôt c'est l'œil ou la main du peintre qui est en défaut; tantôt c'est la personne qu'il doit représenter ; quelquefois même la faute est des deux côtés. On ne voit pas ce qui est, ou l'on ne sait pas dessiner ce qu'on voit; l'objet change perpétuellement de situation. Mais, quand même l'objet serait entièrement immobile ; quand même l'œil attentif et la main habile du peintre ne laisseraient rien à désirer, il se présente encore une dernière difficulté insurmontable : c'est que chaque attitude, chaque situation momentanée du corps est forcée et cesse d'être naturelle dès qu'elle dure quelque temps.

Ce que je viens de dire n'est rien au prix des observations qui restent encore à faire. Jusqu'ici ce champ n'a pas été défriché,

DE L'ART DU PORTRAIT. 67

que je sache. Sulzer lui-même n'a fait qu'y jeter un coup d'œil en passant, et la forme de son ouvrage ne lui permettait guère de faire davantage. Le plus gros volume suffirait à peine pour traiter à fond une matière aussi riche. Il faudrait passer en revue et juger les plus célèbres peintres en portraits ; il faudrait donner les préceptes de l'art. Enfin, le jeune artiste a besoin de règles sûres, vu la variété infinie des visages et en même temps leur étonnante uniformité ; et il faudrait fixer ces règles.

Jugemens, ou gradation de jugemens, selon les différens mérites du Portrait.

1. Ce portrait est entièrement méconnaissable. Personne ne s'imaginerait qu'on a voulu peindre un tel. Il contraste absolument avec son caractère.

2. Je ne l'ai reconnu qu'après qu'on me l'a nommé; mais la ressemblance est presque nulle.

3. Je vois bien qui c'est; mais le vrai y est masqué sous un air étranger.

4. C'est un tel, mais en caricature. Tous les traits sont durs, renforcés, dérangés.

5. Ici tout est flatté, embelli, ennobli. Le peintre ne s'est appliqué qu'à faire ressortir les beautés, et il a glissé trop légèrement sur les défauts. Ce portrait, d'ailleurs assez ressemblant, rappelle la définition qu'en a donnée Lessing : le portrait, dit-il, est l'idéal de l'homme.

6. Les détails sont vrais, mais la forme de l'ensemble est manquée : elle n'a ni proportion, ni harmonie.

7. Il y a beaucoup de vérité dans l'ensemble; mais les détails ne sont pas rendus avec assez de précision.

8. Ce portrait est vrai et bien fait; mais la touche en est

timide et trop dure. Les contours ne sont pas assez arrondis, les expressions pas assez animées.

9. Celui-ci est très-bien peint, et il a le mérite de la ressemblance; mais je remarque dans le regard et dans la bouche un air effaré qui ne devrait pas s'y trouver.

10. L'attitude est forcée : elle manque d'aisance et de naturel. C'est une mine refrognée, et cependant il y reste beaucoup de ressemblance.

11. Parfaitement ressemblant; mais ce n'est pas là la disposition d'esprit que nous connaissons à l'original, ni son enjouement naturel.

12. L'unité y manque. L'objet n'est pas fixé, et le peintre n'a point eu en travaillant des idées suivies. Cette figure contraste et, pour ainsi dire, implique contradiction.

13. Ce portrait est très-ressemblant; mais il a trop d'expression et de vivacité.

14. La tête est trop petite : il fallait ou la réduire encore davantage, ou bien conserver sa grandeur naturelle. Lorsqu'on s'attend à retrouver les dimensions exactes de la nature, une diminution légère choque toujours l'œil du connaisseur. Et cependant c'est là encore une des fausses maximes qu'on a adoptée en peinture, et à laquelle il faut attribuer l'air enfantin d'une infinité de visages.

15. Admirable dans un certain éloignement ; mais, vu de de près, il est dur, et ne fait plus la moindre illusion.

16. De près, il est exact au possible, et d'une vérité qui souffre l'examen le plus sévère. Dans l'éloignement, l'ensemble ne fait plus d'effet, ou du moins l'effet est prodigieusement affaibli.

(C'est le cas de deux belles têtes de Denner, qu'on voit dans la galerie de Manheim.)

17. Malgré toute sa ressemblance, il est sans action et sans caractère. On ne saurait indiquer le moment pour lequel il existe.

(Il est pour tous les momens de la vie une situation, une disposition d'esprit, un état d'activité ou d'inactivité, qui est déterminé, ou qui du moins peut l'être. C'est ce moment donné qui échappe presque toujours dans le portrait ; le peintre ne le saisit pas, ou ne s'en pénètre pas assez.)

18. La ressemblance en est parfaite ; le pinceau admirable. Tout y respire ; mais la manière du peintre perce encore trop. Ce portrait a l'air tableau, et par là même il cesse de faire illusion. On pourrait le comparer à une belle pièce d'éloquence, dans laquelle on sent trop l'orateur. Un des grands secrets de l'art, c'est de cacher l'art.

19. Il est parlant, ressemblant jusqu'à l'illusion ; mais cet air

de visage se rapproche un peu de celui du peintre, lequel, accoutumé vraisemblablement à recopier souvent son propre portrait, renonce difficilement à cette habitude : son pinceau le reproduit sans qu'il s'en aperçoive.

20. D'une ressemblance des plus frappantes, d'une vérité étonnante ! il vit, il respire ! Ce n'est plus un portrait ; c'est la nature, c'est l'original même ! Dessin, forme, proportions, situation, attitude, coloris, ombres et lumières, tout est vrai, tout nous enlève. Que de hardiesse et de précision ! que d'exactitude et d'aisance ! Dans l'ensemble, c'est la nature ; dans les détails, c'est encore elle. Voyez-le de près ou dans l'éloignement, en face ou de côté, et toujours vous retrouverez la nature. C'est l'assiette d'esprit la plus heureuse et la plus individuelle. En tout temps, en tout lieu, cette ressemblance frappera. Plus on sera connaisseur, plus on l'appréciera ; mais, connaisseur ou non, on l'admirera. Rien ne rappelle ici le tableau : c'est le visage même vu dans le miroir. C'est quelqu'un à qui l'on voudrait adresser la parole, et qui semble nous parler. Nous l'écoutons, nous lui faisons des questions, nous lui répondons, et il a l'air de nous répondre à son tour. Il nous fixe plus que nous ne le fixons lui-même ; nous allons à sa rencontre ; nous l'embrassons. Nous nous oublions ; et revenus à peine de notre erreur, nous y retombons encore.

Telle est la perfection et le degré d'excellence auquel l'artiste doit aspirer. S'il est assez heureux pour y atteindre, les richesses et les honneurs seront encore les moindres avantages qu'il obtiendra. Le père, l'époux, l'ami, les neveux et les arrière-neveux, béniront sa mémoire. Il aura travaillé à la gloire du plus grand des maîtres. Imiter l'ouvrage de Dieu, ne fût-ce qu'en surface et dans un seul point, c'est ce que l'homme peut exécuter de plus beau.

DE L'ART DU PORTRAIT.

DIVERS PORTRAITS ET LEURS COMMENTAIRES PHYSIOGNOMONIQUES.

Il m'importait de savoir dans quelles attitudes et dans quels jours il faut présenter le portrait pour faciliter les observations du physionomiste. Voici les essais en ce genre que j'ai rassemblés, qui, par leur diversité, serviront à décider la question. Nous allons parcourir cette longue galerie. J'ose espérer que le lecteur m'y suivra avec plaisir et avec attention.

WINCKELMANN.

Commençons par Winckelmann, c'est-à-dire, par l'image qui doit le représenter. Quand même elle ressemblerait jusqu'à un certain point, il est impossible pourtant qu'elle soit entièrement vraie. La forme du visage manque entièrement de proportion. Le haut et le milieu sont trop alongés, le bas trop raccourci. Ce nez fortement prononcé n'est point en harmonie avec la délicatesse et la mollesse de la bouche et du menton. Le rapport qu'on devrait trouver entre le front et le nez n'est point gardé; il n'y a pas jusqu'aux contours qui n'offrent les disconvenances les plus choquantes. Ces sourcils, ces yeux perçans et pleins de feu, demandaient un front dessiné avec plus de précision, des contours plus doux et plus ondoyans. Toute cette partie a été honteusement négligée; mais, malgré les défauts qui défigurent cette tête, nous y retrouvons encore le caractère d'un grand génie, l'homme de goût qui pense avec finesse, qui a cultivé son esprit, et qui l'a orné de connaissances solides. D'un autre côté, on serait tenté, et même sans être trop sévère, de reprocher à cette physionomie du caprice, de l'emportement, de la froideur, et peut-être une certaine dureté de cœur. On sait déjà que la chaleur et l'indifférence ne me paraissent nullement incompatibles dans le même caractère ; si jamais ce mélange fut frappant, c'est dans ce visage-ci.

Je serais tenté de dire que cette physionomie est anglaise par le haut, et allemande par le bas; d'ailleurs elle est dessinée dans l'attitude et le jour qui conviennent aux visages de ce caractère.

On ne dira jamais que cette tête est commune ou médiocre, n'eût-on pour en juger que la forme du front. L'œil, et le gauche sur-tout (c'est-à-dire, celui qui est à la droite du livre ouvert), cet œil promet un grand homme. L'original de ce portrait en est un, peut-être; ce que j'ignore, ne le connaissant pas.

Le nez un peu sensuel, et le bas du visage, qui l'est encore davantage, pour ne pas dire grossier, affaiblissent en quelque sorte les facultés positives du caractère, mais ne détruisent point le jugement que j'ai prononcé : il est confirmé d'un autre côté par la bouche, et en particulier par la ligne qui la partage, laquelle annonce la réflexion, l'expérience et le goût.

Ce genre de physionomie suppose un homme qui s'exprime en peu de mots et qui a le ton décisif; mais ses propos renfermeront autant de sens que de vérité. Il saisira d'abord le sujet dont il parle par son vrai côté ; et, sans s'arrêter à d'inutiles préambules, il l'exposera avec précision, évitant avec soin toute espèce de digression et de pédantisme. La précipitation est en lui l'effet de la vivacité, peut-être encore de l'entêtement; mais jamais de la faiblesse. Sujet à la paresse, il la surmonte par son énergie naturelle. Est-il obligé de plier, il n'est pas long-temps à se relever.

C. A. D. R. D. S. Wʀ.

Voici un visage véritablement grand, et placé dans le jour le plus favorable. Ces sortes de dessins, à force d'être vrais et précis, approchent de la dureté ; mais ils n'en sont que plus propres aux observations du physionomiste. Examinez séparément l'œil et le sourcil, ou ce nez si bien éclairé et si bien ombré, et chacune de ces parties deviendra seule le signe distinctif d'un jugement qui va jusqu'à l'intuition, d'un tact très-fin, et d'un goût épuré, pour qui la poésie a des charmes. Ce front, cet œil lumineux, et le contour de ce nez, indiquent un esprit d'ordre, ennemi de toute espèce de confusion. Ces parties supérieures du visage ne sont pas trop en harmonie avec le bas, qui est dessiné avec moins d'exactitude et de délicatesse. Observons en passant que cette dernière partie étant la plus molle et la plus mobile, est rarement rendue dans le dessin avec assez de vérité. C'est aussi celle qui est la plus exposée aux ravages des sens et des passions ; par conséquent elle est sujette à s'altérer et à se dégrader bien plus que les autres ; elle doit être considérée moins comme la tige que comme une branche du haut de la tête.

Revenons à notre portrait. On croit entrevoir un peu de mauvaise humeur sur la lèvre, qui, dans son rapport avec le nez, annonce d'ailleurs une force concentrée, beaucoup de fermeté, et une grande richesse d'imagination. Ce visage est un

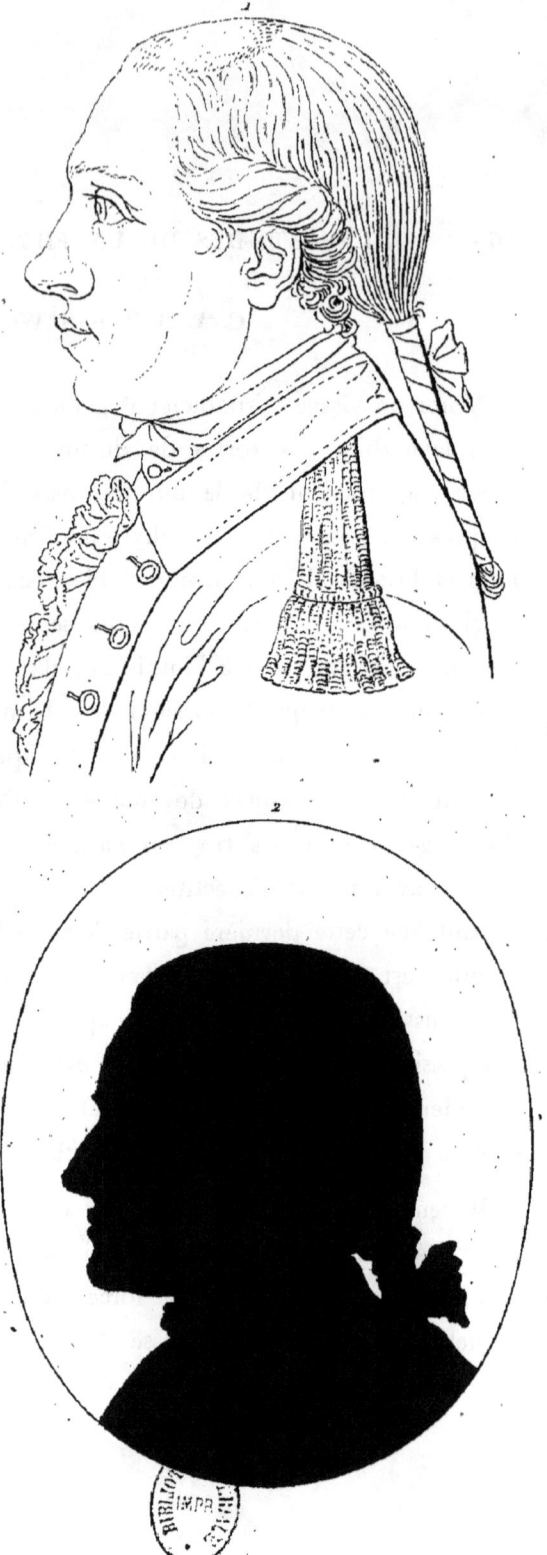

de ceux dont le mérite supérieur sera mille fois mieux aperçu par le physionomiste que par l'homme du monde. A n'en rien excepter, depuis l'arc du sommet jusqu'au bas du cou, je n'ai pas encore vu un seul être qui ait flatté autant mon sentiment physiognomonique, et qui soit plus capable de confondre l'observateur superficiel. Je suis sûr de mon fait, et je ne crains pas de me tromper, si j'avance qu'un jugement sain et net, qu'un sentiment poétique des plus exquis, qu'un noble courage et l'énergie qui fait le héros, se réunissent dans ce caractère, et se peignent dans ce profil.

J'en ajoute ici une silhouette exacte, qui confirmera mon jugement et pourra rectifier les défauts du portrait. Le front, la bouche et le menton, ont évidemment gagné dans ce simple dessin crayonné d'après l'ombre. Nous en conclurons de nouveau que l'art est infiniment éloigné de saisir toutes les nuances de la nature, toujours vraie. C'est le cas de rappeler à tous les peintres, dessinateurs, artistes, observateurs et physionomistes, une vérité qui ne saurait être assez répétée : *Il ne faut presque rien pour tout gâter.*

C. A. DE S. Wⁿ.

La même personne peinte de face. « Il semble, disait un homme de grand jugement, qu'un esprit étranger ait pris cette forme de visage, qui n'est pas faite à sa mesure. » En effet, ce portrait est reconnaissable, mais on lui trouve un air étranger qui préjudicie à son caractère. Aux yeux du physionomiste, ce front n'est pas, à beaucoup près, aussi significatif que le précédent. Ce regard lumineux annonce, à la vérité, plus qu'un homme ordinaire, mais le nez a trop perdu de son expression : y reconnaîtra-t-on la même pénétration, et ce sentiment rapide du bon, du beau et de l'agréable? Le bas du visage est faible et enfantin ; il dément totalement le caractère de l'original ; il contraste avec l'œil, le sourcil et le front, quelque affaiblis que soient ici ces traits par l'incorrection du dessin. Nouvelle preuve qu'un portrait bien exécuté, et d'ailleurs ressemblant jusqu'à un certain point, peut encore faire le plus grand tort à l'original. C'est ainsi que, dans un libelle, un caractère est défiguré par quelques traits légèrement altérés, mais présentés sous un air de vérité. C'est ainsi qu'une fausse monnaie a cours pendant quelque temps à la faveur d'un alliage adroit qui trompe la multitude, mais qui n'en impose point au connaisseur.

Tom. 8. Pl. 482.

Tom. 8.   Pl. 483.

DE L'ART DU PORTRAIT.

Portrait de Wᴿ.

Voici encore une tête qui semble expressément dessinée et éclairée pour l'observateur physionomiste. Elle est de la plus grande vérité. Si je n'avais à consulter que le front et la belle précision de ses contours, je dirais aussitôt que ce visage-là, sans être d'un ordre supérieur, indique dans l'ensemble et dans chaque partie séparée, un esprit serein, un homme judicieux, incapable d'artifice, honnête et sincère, qu'il faut aimer de gré ou de force, à cause de sa douceur et de sa modestie. Cette manière de dessin peut être infiniment utile pour la science des physionomies. Tout y est si bien aperçu et si bien rendu! Quelle sérénité, quelle candeur dans ce regard! Osera-t-on l'appeler stupide ou faux? Vous n'attendrez peut-être pas de grandes choses de ce front, de ces sourcils, de cet œil; mais du moins ils vous inspireront une confiance qui ne sera jamais trompée. Le nez s'élève décidément au-dessus du médiocre, ne fût-ce que par le contour. Quelle aisance dans la bouche! quel aimable naturel! que de docilité, de calme et de bonté! J'en appelle au sentiment de tous les hommes, si on ne retrouve pas, même dans le menton et dans le cou, un air de probité et de franchise? Il n'est pas jusqu'à la chevelure, jusqu'à l'arrangement et à la chûte des boucles, qui ne concourent à affermir la bonne idée que nous avons prise de ce visage : il respire le contentement et l'honnêteté; et c'est sur-tout la belle proportion des parties et la justesse de leur harmonie qui produisent cette impression.

Portrait de K....

Cette tête renferme les plus grandes facultés. Les vues et les projets qui l'occupent sont conçus avec beaucoup d'énergie. Le front est ferme et opiniâtre ; il suppose un homme qui poursuit vigoureusement ses desseins, mais qui échoue souvent, parce qu'il manque de sagesse, de réflexion, de connaissances et de docilité : après s'être donné bien des mouvemens, il se trouve souvent moins avancé qu'il ne l'était avant d'agir.

Il ne faut être qu'un connaisseur très-médiocre pour apercevoir que ce visage est parfaitement d'accord avec lui-même, mais qu'il l'est fort peu avec ce qui est hors de lui. Un esprit comme celui-là voudrait tout renverser, pourvu qu'il restât lui-même debout. Il cherche à pénétrer les objets, mais il les envisage mal. Il est prompt à saisir, mais tout lui échappe aussitôt. Il serait riche, s'il avait moins de désirs. Avec une ambition moins turbulente, il aurait plus de succès ; enfin, avec un esprit moins inquiet, il serait capable de plus d'attachement; s'il y avait moyen de le fixer, on rendrait un vrai service à la société. Je n'ai guère vu de physionomie plus originale et mieux caractérisée. Cet homme est à la fois très-aisé et très-difficile à conduire. Pour peu qu'on fasse mine de vouloir le gouverner, on n'en obtient rien; mais si vous le ménagez avec adresse, si vous lui opposez à propos une certaine fermeté, si vous lui faites sentir votre supériorité, moins par des paroles que par des effets, soyez sûr qu'il ne vous résistera pas.

Tom. 8 Pl. 434.

MALVIEU.

Ce genre de portraits est, à bien des égards, le plus favorable aux observations physiognomoniques ; peut-être cependant donnerais-je une préférence exclusive au profil, en tant que les contours sont rendus avec assez de netteté et de vérité ; mais, d'un autre côté, il a aussi ses difficultés ; et tels traits qui sont presque toujours négligés dans une tête de profil, n'échappent pas même au peintre le plus médiocre, lorsqu'il est chargé de représenter le visage en plein ou de trois quarts. Quoi qu'il en soit, l'attitude qui résulte des trois quarts de la face est, à mon avis, des plus heureuses, et répand sur la figure le jour le plus avantageux. On y retrouve dans toute leur précision les contours du front, de la joue, du menton, des deux yeux, du nez et de la bouche. Pourrait-on, par exemple, imaginer pour ce portrait-ci une position plus expressive et plus caractéristique ? Le contour du front montre moins de prudence que de caprice ; il contraste avec ces yeux si vifs et si pleins de feu. Ces sourcils peignent admirablement bien l'artiste homme de génie. Cette racine osseuse et large du nez est la marque distinctive d'une énergie mâle. D'ailleurs, il y a un défaut d'harmonie entre la bouche et ce regard décidé : ces deux parties n'ont pas été prises dans le même moment. La bouche semble annoncer plus de douceur, de bonté et de faiblesse que le reste du visage. Que ne pouvait-on espérer d'un artiste qui, dans un âge aussi peu avancé, s'est dessiné lui-même avec tant de précision et de hardiesse ! Quel dommage qu'une mort prématurée l'ait enlevé à son art !

H....NN.

L'ALONGEMENT du front et sa position trop perpendiculaire nuisent au véritable caractère de ce portrait, d'ailleurs ressemblant; mais, à le prendre tel que nous le voyons ici, nous accorderons toujours à l'original un esprit net et ami de l'ordre, un cœur généreux, franc, incapable d'artifice, beaucoup d'application, de calme et de réflexion. Nous le mettrons au nombre des gens qui sont habiles sans génie, ferme sans dureté, studieux sans pédanterie. Une oreille délicate, un coup d'œil excellent, un jugement qui examine en silence, une activité sans bruit, une noble modestie, l'envie d'obliger; ce sont là autant de qualités qu'il est impossible de méconnaître dans ce caractère, quoique affaibli par la faute du dessinateur. La voûte du front et du crâne pourra renfermer des richesses acquises, des idées claires et nettes ; mais il n'y faut pas chercher un génie créateur. A en juger par le regard, cet homme aurait eu les plus heureuses dispositions à devenir un grand artiste. Il se peut qu'il n'eût pas excellé dans l'invention ; mais son bon sens, sa tranquillité, son assiduité, son énergie et sa patience, en auraient fait un ouvrier très-adroit pour l'exécution : un travail hâté ou négligé n'aurait jamais pu être de son goût. Au reste, si vous voulez voir dans la réalité un modèle parfait d'honnêteté et de modestie, l'homme du monde le plus serviable, le plus reconnaissant et le plus affectueux, je vous renvoie à l'original de ce portrait : c'est M. Israël Hartmann, domicilié à Ludwisbourg.

Tom. 8. Pl. 486.

Tom. 8. Pl. 487.

Ce portrait est si bien détaché, si bien dessiné et éclairé, qu'à cet égard il peut être regardé comme un chef-d'œuvre. La forme et les traits ont toute la précision, toute l'harmonie qu'on peut exiger du burin dans un espace aussi borné. Quant au caractère de l'original de ce portrait, je dirai qu'il est d'un tempérament flegmatique et sanguin ; qu'il est ami de l'ordre ; qu'il ne sort jamais de sa sphère, mais qu'il agit toujours tranquillement et en honnête homme. Je ne lui assignerais que des talens médiocres, point de génie, point de force productrice. J'en juge ainsi par le contour extérieur qui s'étend depuis la pointe du toupet jusqu'au menton : l'oreille même entre pour quelque chose dans ma décision.

LE DUC D'URBIN.

On reconnaît encore l'esprit de Raphaël dans la dixième copie de cette tête ; mais il y manque, comme dans la plupart des têtes de ce grand peintre, l'exacte vérité, les détails de la nature, et j'oserai ajouter, la correction du dessin. Quelque hardi que paraisse ce reproche, il n'en est pas moins fondé ; les têtes, et sur-tout les portraits de Raphaël, ne sont presque jamais corrects dans les détails. Toujours le nez est trop près de la bouche et trop éloigné de l'œil. Presque toujours, et principalement quand il peint des physionomies douces et voluptueuses, il y mêle plus ou moins sa propre image, des formes et une teinte de ressemblance qui la rappellent. C'est encore le cas du portrait que nous avons sous les yeux. Il tient de l'air de Raphaël, et par cette raison on y retrouve son caractère tranquille et doux, son penchant à l'amour et à la volupté. L'œil, le sourcil, le nez, la bouche, la forme ovale du visage, tout y est animé du même esprit, tout y exprime le doux recueillement d'une ame qui s'occupe et se nourrit de l'objet aimé. Il n'est pas jusqu'à la chevelure qui ne réveille l'idée d'un naturel tendre et caressant.

C'est dommage seulement que la narine et le coin des lèvres soient dessinés avec si peu de soin. Voilà de ces négligences qui défigurent cent mille portraits, et qui échappent pourtant à l'observateur superficiel, quoiqu'elles fassent un tort infini à l'expression.

Tom. 8. Pl. 466.

Tom. 8. Pl. 489.

M....., d'après Raphaël.

Ce qui a été dit d'une tête de Raphaël peut s'appliquer presque à toutes. Elles ont toutes les mêmes perfections inimitables et les mêmes défauts. Ami du vrai, pourquoi dissimuler ce qui saute aux yeux et ce que l'on ne saurait nier? Pour être un grand homme est-il nécessaire d'être exempt de tout défaut? ne suffit-il pas à la gloire de Raphaël d'avoir racheté quelques taches légères par des beautés et des perfections sans nombre? Rendons justice à ces talens, reconnaissons son mérite, mais ne taisons pas ses défauts; montrons-les avec une modeste franchise à l'admirateur enthousiaste et à l'imitateur servile.

Voici encore une tête qui frappe par son caractère de grandeur, par un heureux mélange de calme et de fermeté, de hardiesse et de douceur. Elle est beaucoup plus pensante et plus décidée que la précédente, mais en même temps moins poétique et moins faite pour l'amour. Si j'excepte la narine, le nez est presque sublime, et cependant il ne saurait l'être à côté de cet œil. L'expression des yeux n'est jamais ni vraie, ni sublime, lorsque dans une telle attitude la paupière disparaît entièrement. Nous mettrons l'obliquité de la bouche sur le compte du copiste, et nous ajouterons qu'une collection de pareilles têtes tonsurées présentées dans cette attitude et dans ce jour, serait infiniment intéressante pour l'observateur physionomiste.

PENSÉES

D'UN PHYSIOLOGISTE

SUR LA BEAUTÉ.

Je ne puis trop répéter, dit Montaigne, combien j'estime la beauté, qualité puissante et advantageuse. Socrate l'appeloit une courte tyrannie, et Platon, le privilége de nature. Nous n'en avons point qui le surpasse en crédit. Elle tient le premier rang au commerce des hommes; elle se présente au-devant, séduit et préoccupe nostre jugement avec grande authorité et merveilleuse impression.

« Phryné perdoit sa cause entre les mains d'un excellent advocat si, ouvrant sa robe, elle n'eust corrompu ses juges par sa beauté. Un mesme mot embrasse, en grec, le beau et le bon; et le Saint-Esprit appelle souvent bons ceux qu'il veut dire beaux. Je maintiendrois volontiers le rang des biens selon que portoit la chanson que Platon dit avoir été triviale, prinse de quelque ancien poète : la santé, la beauté, la richesse.

« A celuy qui lui demandoit pourquoy plus long-temps et plus souvent on hantoit les beaux, Aristote répondit : Cette demande n'appartient à être faite que par un aveugle. » (1)

C'est ainsi que s'exprime sur la beauté un philosophe dont tout homme sensible partagera sûrement l'admiration et l'enthousiasme. Mais ce beau

---

(1) Les Essais, vol. III, pages 470 et 471.

qui le transporte, et dont il proclame les charmes et l'empire, comment le définir? quelles en sont l'essence et la nature?

On peut appliquer à la beauté, dit Winckelmann, ce mot de Cicéron sur la Divinité, « qu'il est plus aisé de dire ce qui n'est pas elle que de dire ce qu'elle est avec précision. » Il ne faut donc pas s'étonner si les philosophes, même les plus illustres, se sont si peu accordés, et ont paru quelquefois ne pas s'entendre lorsqu'ils ont voulu raisonner sur la beauté et analyser les causes et la nature des impressions qu'elle fait éprouver.

L'un des plus anciens et des plus célèbres, *Platon*, non seulement personnifiait la beauté, et la plaçait dans le sein de la Divinité, mais croyait que l'ame avait une connaissance entière du beau avant d'entrer dans sa prison corporelle, et qu'elle ne faisait que revenir à cette notion *innée*, par réminiscence, lorsqu'un objet plein de charmes la disposait à ce souvenir. (1)

Il serait trop long d'exposer et de discuter avec détail les différentes opinions des philosophes qui se sont occupés, depuis Platon, de l'essence et de la nature de la beauté.

---

(1) Aristote est d'une opinion différente; il regarde la grandeur et l'ordre comme les attributs essentiels du beau. Le P. André, Moses Mendelsohn, Crousas, etc., ont également voulu rapporter la beauté à un petit nombre de principes abstraits. Wolff disait que tout ce qui plaît est beau : *Quod placet dicitur pulchrum, quod vero displicet deforme*. Leibnitz, et plus récemment Baumgarten, ont prétendu que toute beauté dans un être doit se rapporter à la perfection. Hutcheson ne veut rien moins qu'un sens tout particulier pour sentir, percevoir le beau, comme l'œil sent et perçoit la lumière et l'odorat les odeurs. *Voyez*, pour l'exposition et la discussion de ces opinions, le premier volume de l'*Histoire naturelle et philosophique de la Femme*, par Moreau (de la Sarthe), 1802; et l'ouvrage posthume de M. Barthès, publié sous ce titre un peu trop fastueux : *Théorie du Beau dans la nature et les arts*, 1 vol. in-8°. Paris, 1807.

La raison, a dit Vauvenargues, n'entend pas les intérêts du cœur. On serait tenté de croire que la raison, ou du moins le raisonnement, n'entend guère mieux les intérêts, les procédés et les plaisirs de l'imagination, lorsque l'on voit cette diversité d'opinions que nous venons de rappeler, ou que l'on passe dans une revue rapide les idées que plusieurs philosophes se sont faites du goût, du sublime et de la perfection dans les productions de la nature et des arts.

On dirait que dans le sentiment du beau, comme dans le sentiment de l'amour, il y a quelque chose de vague, de mystérieux, d'indéfinissable, qui en fait le charme, et que le raisonnement et l'analyse ne peuvent saisir.

Une semblable remarque ne nous permet pas de nous livrer à des considérations générales sur la théorie du beau ; nous comprendrons seulement dans ces pensées, 1° quelques *réflexions* sur la réalité de la nature et des combinaisons de forme et de couleur d'où résulte la beauté dans l'homme ; 2° quelques recherches sur l'analyse du sentiment que fait naître la beauté, considéré en même temps sous le point de vue de la physiognomonie et de la physiologie.

Plusieurs philosophes ont pensé que le sentiment du beau était arbitraire, variable dans ses motifs ; qu'il n'existe pas de combinaisons de formes ni de phénomènes auxquels les idées de la beauté fussent constamment attachées. On a dit en conséquence :

Les idées sur les causes et les motifs du sentiment du beau ne sont pas les mêmes chez les différens peuples ; ils changent suivant les passions, les mœurs, les climats. Interrogez un Nègre de Guinée : le beau est pour lui une peau noire, huileuse, des yeux enfoncés, un nez épaté. Chez plusieurs peuplades, on se mutile, on se défigure par coquetterie ; on aplatit le front, on agrandit la bouche, les oreilles ; on noircit la peau, on la brûle, on la découpe; en un mot, on la couvre par le *tatouage* des stigmates horribles d'un supplice volontaire.

On n'aperçoit pas moins de variétés chez les nations civilisées, et même parmi les personnes qui devraient avoir le plus de goût, et s'accorder dans leurs opinions et leurs sentimens relatifs à la beauté, si ces sentimens et ces opinions n'étaient pas variables de leur nature, et modifiables par diverses habitudes du cœur et de l'esprit. Ainsi, la fameuse Ninon regardait la Place Royale comme une très-belle place, parce que son amant y avait un hôtel. Tous les jours des figures irrégulières et même communes sont préférées à celles qu'il plaît à l'amateur éclairé de regarder comme belles. Les artistes eux-mêmes ne sont pas exempts de ces variations dans leurs goûts et dans leurs sentimens.

Des dispositions défectueuses et désagréables pour le plus grand nombre, sont des charmes et des attraits pour certaines personnes. Par exemple, Descartes préférait les femmes qui louchaient aux beautés les plus accomplies, parce que sa première maîtresse était louche. On cite même des exemples de ces différences de goût chez les Grecs, où, suivant les impressions primitives et le caractère de la personne aimée, on disait d'un nez camard qu'il était joli, d'un nez aquilin qu'il était noble, etc. La maigreur, la pâleur, avaient des apologistes et même des admirateurs.

Comment, au milieu de ces vicissitudes, de ces goûts divers, de ces opinions opposées, admettre des idées absolues de beauté? ne serait-ce pas donner une existence réelle à un fantôme qui prend les formes, les aspects les plus différens, et qui, dans son inconstance et ses variations, suit tous les caprices de l'imagination?

Pour répondre à ces objections, il suffit d'indiquer les conditions et les circonstances dans lesquelles il importe de se trouver pour éprouver le sentiment du beau dans toute sa plénitude et sa pureté.

Ces conditions sont principalement des organes des sens et un cerveau bien disposés; une ame paisible, une civilisation très-avancée, un jugement sain et soustrait à l'empire des illusions ou à la tyrannie de certaines associations d'idées qui tendent à l'égarer. Il faut aussi un goût très-délicat, formé par une contemplation habituelle des chefs-d'œuvres de l'art ou des productions les plus aimables de la nature.

Il est évident qu'aucune de ces conditions ne s'est rencontrée dans les jugemens et les goûts bizarres que l'on oppose à la réalité des types véritablement propres à faire naître le sentiment du beau. S'appuyer de pareils exemples, c'est comme si l'on citait dans une discussion littéraire et philosophique des autorités sans valeur et des noms illustrés par l'esprit de parti ou par le caprice d'une mode passagère, mais condamnés ensuite à l'oubli ou au mépris de la postérité.

« Quelqu'un a très-bien remarqué, dit M. Barthès, qu'il est possible qu'un Winckelmann chinois voie avec le même enthousiasme la représentation d'un Chinois avec des yeux de chat et une grosse tête, que notre Winckelmann voyait la statue de l'Apollon du Vatican. » Cette observation n'est sûrement pas juste : les Chinois ne peuvent pas plus avoir un Winckelmann qu'un Apollon du Vatican. Ce sont les chefs-d'œuvres qui font l'homme de goût, et non les erreurs et les préjugés populaires.

Les causes qui ne permettent pas de juger convenablement la beauté, et d'éprouver avec pureté et délicatesse le sentiment du beau, sont l'ignorance, les préjugés, les premières habitudes, le rappel, la reproduction involontaire de certaines idées accessoires qui ont plus d'attrait et de pouvoir que la sensation directe de l'objet qui nous paraît plus ou moins agréable; enfin, dans quelques cas, le dérangement passager ou prolongé des sens, ou même de l'organe intellectuel.

L'influence de ces trois premières causes est bien marquée dans les opinions et les sentimens des peuplades sauvages ou des nations encore peu civilisées, et qui préfèrent ce qui nous paraît hideux et repoussant.

Quelle que soit la différence, l'opposition de ces jugemens et de ces idées, on ne peut rien en conclure contre la réalité du beau, ni se refuser à regarder, chez toute nation policée, comme contraire à une nature humaine bien développée, tout ce qui est contraire à la combinaison des formes les plus propres à montrer la perfection de cette nature, tels que les yeux obliquement situés des Chinois et des Japonais, les mamelles pendantes et prolongées des Hottentotes, les pommettes saillantes des Mongols, les grosses lèvres et le nez écrasé des Négresses, etc. etc.

Les idées ou les impressions accessoires assez vivement rappelées par voie d'association pour faire varier les hommes dans leurs opinions ou leurs sentimens relativement à la beauté, peuvent dépendre d'un grand nombre de causes.

« Des lèvres vermeilles et bien bordées, une bouche entr'ouverte et riante, de belles dents blanches, une démarche libre, le regard assuré, une gorge presque découverte, de belles grandes joues larges, me charmaient à dix-huit ans, dit le philosophe Diderot; aujourd'hui c'est une jeune fille qui a l'air décent, le regard timide, et qui marche en silence à côté de sa mère, qui m'arrête et me charme. Qu'est-ce qui a le bon goût? est-ce moi à dix-huit ans? est-ce moi à cinquante? Belle demande! à dix-huit ans, ce n'était pas l'image de la beauté, mais la physionomie du plaisir qui me faisait courir. »

En effet, c'est ainsi que l'on explique comment la liaison particulière de quelques traits avec des qualités et des passions qui nous plaisent, nous en imposent. Dans ces cas, l'imagination pervertit le jugement : ce n'est plus la beauté qui nous charme, c'est la volupté qui séduit.

LES ÉTUDES DE LA PHYSIONOMIE.

Les grands artistes ne se laissent pas abuser par ces causes d'illusion; leurs émotions particulières ne corrompent pas en eux le sentiment du beau, et la femme qu'ils préfèrent pour le boudoir n'est pas toujours celle qu'ils voudraient choisir pour l'atelier et placer parmi leurs modèles. (1)

Les vices particuliers d'organisation dans l'œil ou dans le cerveau ne sont pas des causes d'altération plus rares que les associations et les enchaînemens d'idées que nous venons de remarquer. Cependant on a quelquefois l'occasion d'en rencontrer des exemples : La Mothe, dit-on, préférait les caricatures les plus grossières et les plus communes aux chefs-d'œuvres de Raphaël. Pourrait-on concevoir un goût aussi bizarre sans un vice d'organisation? En général, la vue, l'organe intellectuel, ont, aussi bien que les autres organes, leurs aberrations et leurs anomalies de sensibilité; et ces causes organiques, mieux observées, mieux appréciées, expliqueraient souvent différens phénomènes de l'homme intellectuel et moral qui nous paraissent incompréhensibles, et à l'occasion desquels nous éprouvons du mépris, de la haine, de l'indignation, en regardant comme criminel ou comme ridicule tel homme qui n'est que malade et mal organisé.

Il me semble que ces réflexions ne doivent laisser aucun doute sur la

---

(1) Cette opinion sur la réalité de la beauté dans la nature et les arts, que j'ai exposée pour la première fois, il y a quatre ans, est parfaitement d'accord avec celle que mon excellent ami, M. Vincent, peintre, et membre de l'Institut, a développée dans un mémoire qu'il a lu à sa classe, sur le beau idéal dans les arts du dessin. Il est aussi heureux qu'honorable, dans de semblables recherches, de se rencontrer avec un artiste aussi éclairé, et de voir les liaisons de l'amitié s'embellir de l'accord des opinions et de la communauté des pensées.

réalité des combinaisons de formes et d'effets qui font naître en nous le sentiment de la beauté.

Ce sentiment, qui, dans toute sa pureté, est plutôt une opération de l'esprit qu'une agitation de l'ame, doit être placé au premier rang de ces sentimens agréables et de ces plaisirs intellectuels dont plusieurs philosophes ont essayé de donner la théorie (1). En l'éprouvant, on ne croit que sentir, et cependant, suivant la remarque de Condillac et d'Edmond Burke, on porte plusieurs jugemens délicats, difficiles, mais devenus familiers par l'*habitude*, qui semble donner alors une nouvelle faculté, celle du goût, espèce d'instinct moral en vertu duquel nous cédons au raisonnement pour ainsi dire à notre insu, et lorsque nous croyons n'être entraînés que par de douces émotions.

Le sentiment que fait naître la beauté n'est pas d'ailleurs une impression simple, et l'analyse y démêle aisément plusieurs sensations, savoir : 1°, et principalement chez les artistes et les amateurs éclairés des arts, une sensation de plaisir attachée à l'exercice de toutes les facultés que l'on a beaucoup cultivées, et dont le développement ou même l'acquisition tient une grande place dans l'existence ; 2° l'impression directe produite par les formes et les combinaisons de formes propres à flatter les sens, à faire éprouver à l'œil, dans un temps donné, le plus grand nombre de sensations agréables ; 3° ce que l'on peut appeler la partie *physionomique* du sentiment du beau, ou le plaisir attaché à voir dans la beauté, l'amour, les signes des qualités intérieures les plus nobles, et du plus haut degré de perfection dont l'organisation humaine soit susceptible.

---

(1) Sulzer, Théorie des plaisirs; Mémoires de l'académie de Berlin, de Pouilly; Théorie des sentimens agréables, de Smith; Théorie des sentimens moraux, traduit par M. de Condorcet, 2 vol in-8°.

Cet exercice physionomique que l'analyse démêle dans le sentiment du beau; cette association, ce rappel des idées attachées à la contemplation de la beauté, ont plus particulièrement attiré l'attention de plusieurs philosophes ; et en effet, la beauté dont la conformation humaine est susceptible ne consiste pas seulement dans une enveloppe séduisante et propre à flatter l'œil le plus exercé et le plus délicat. C'est en outre la physionomie du bon, l'annonce des facultés les plus estimables, et le signe d'une grande supériorité d'organisation.

Dans la langue des Grecs, une même expression désignait l'ordre, la beauté, l'univers; et si les grands modèles de beauté, si l'idéal, les chefs-d'œuvres du ciseau antique ont tant de droits à notre admiration, c'est que tout cet extérieur de l'homme qu'ils représentent semble annoncer un degré d'élévation dans la condition humaine, au point que l'imagination croit voir l'excellence d'une nature supérieure percer à travers une enveloppe matérielle, et animer d'un esprit divin toutes les parties de ces grandes compositions. (1)

La beauté humaine paraît donc résulter de la perfection des formes, et de l'accord de cette perfection avec un degré de supériorité et un développement très-étendu du mode d'existence qui est propre à l'homme. Tous les traits extérieurs qui distinguent le plus l'organisation humaine de celle des animaux doivent en conséquence contribuer essentiellement à la beauté, et en former les principaux caractères. Le type de l'Antinoüs et celui de l'Apollon sont séparés par un intervalle immense du premier comme du dernier des singes, dont les races humaines se rapprochent d'autant plus qu'elles s'éloignent de la beauté, comme on le voit pour

---

(1) *Voyez* vol. III, de cet ouvrage, page 21.

le Nègre et le Kalmouck, qui sont plus voisins des orangs-outangs que les hommes de la race *caucasienne* ou arabo-européenne. Il suffit en quelque sorte d'animaliser l'homme, et d'affaiblir l'expression de sa nature pour former un type repoussant et hideux auquel nous rapportons l'idée de la laideur.

Le rapport des parties entre elles, dans un corps quelconque, l'accord, la convenance des formes, des qualités extérieures et des usages, ne suffisent pas pour exciter en nous le sentiment du beau, il faut en outre que les formes extérieures, indépendamment de toute association d'idées, affectent agréablement l'œil, le caressent, le flattent; et la nature ne les a départies et combinées que dans les êtres dont elle semble avoir travaillé la structure avec faveur et prédilection. (1)

L'analyse philosophique est parvenue à saisir et à reconnaître ces dispositions généralement agréables de la surface des corps ; ce sont les

---

(1) C'est ce que paraît avoir très-bien senti un de nos plus habiles versificateurs dans le Fragment d'une Invocation à la Beauté :

> D'or, de pourpre, d'azur, tu trempes tes pinceaux :
> C'est toi qui dessinas ces jeunes arbrisseaux,
> Ces élégans tilleuls et ces platanes sombres
> Qu'habitent la fraîcheur, le silence et les ombres.
> Dans le monde animé quelles sont tes faveurs !
> L'insecte dans la fange est fier de ses couleurs.
> Ta main du paon superbe étoila le plumage.
> D'un souffle tu créas le papillon volage.
> . . . .
> . . . .
> Tu départis aux fleurs la souplesse et la grace.
> Tu te plus à parer le coursier plein d'audace,
> Qui, relevant la tête et cadensant ses pas,
> Vole, cherche les prés, l'amour et les combats.

lignes ondoyantes et serpentines, leur nombre, leur aimable combinaison et les formes arrondies, ovalaires, sur-tout celles dont les contours vont en diminuant d'une manière insensible, comme on le voit dans la pyramide, la volute, et l'ovale resserré à son extrémité inférieure.

La ligne ondoyante ou ligne de beauté, comme l'appelle Hogarth, se retrouve dans toutes les productions les plus agréables de la nature ou de l'art, dans le contour des fleurs et des feuilles des plantes, et à la surface du corps de l'homme, et des animaux auxquels a été départi, comme à l'espèce humaine, le privilége de la beauté. Cette ligne est susceptible de différentes modifications plus ou moins agréables. (*Fig.* 1, *pl.* 490*; fig* 2, *pl. idem.*)

Les lignes ondoyantes et serpentines, ces lignes que l'art cherche sans cesse à dessiner dans ses ouvrages les plus gracieux, et que la nature elle-même a prodigués dans ses plus agréables productions, sont évidemment en plus grand nombre à la surface du corps de l'homme qu'à celle du corps des autres animaux. C'est sur-tout chez la femme que se montrent avec tout leur avantage les lignes de la beauté et de la grace. Elles unissent doucement et marquent tous les contours, toutes les parties, comme on le voit ou cou, à la poitrine, aux épaules, à l'abdomen et à la ceinture, mais sur-tout dans l'union des différentes parties des membres, et dans les passages insensibles de la tête au cou, et du

---

A l'aigle, au moucheron, tu donnas la parure.
Mais tu traitas en roi le roi de la nature ;
L'homme seul eut de toi ce front majestueux,
Ce regard tendre et fier, noble, voluptueux ;
Du sourire et des pleurs l'intéressant langage ;
Et sa compagne, enfin, fut ton plus bel ouvrage. etc.

DELILLE, *Poème de l'Imagination.*

Tom. 8. Pl. 490.

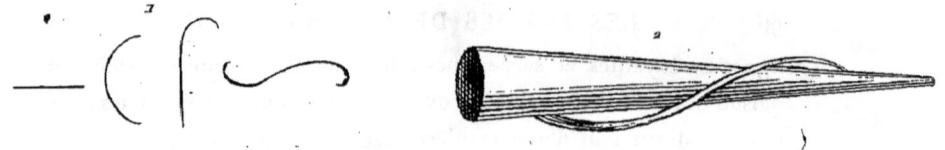

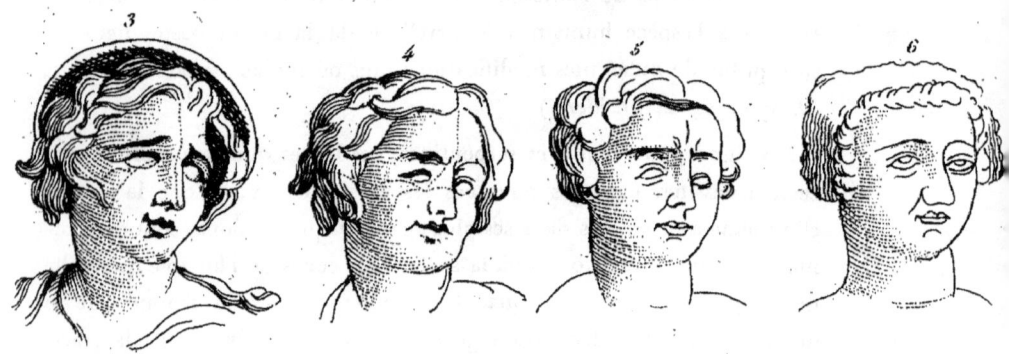

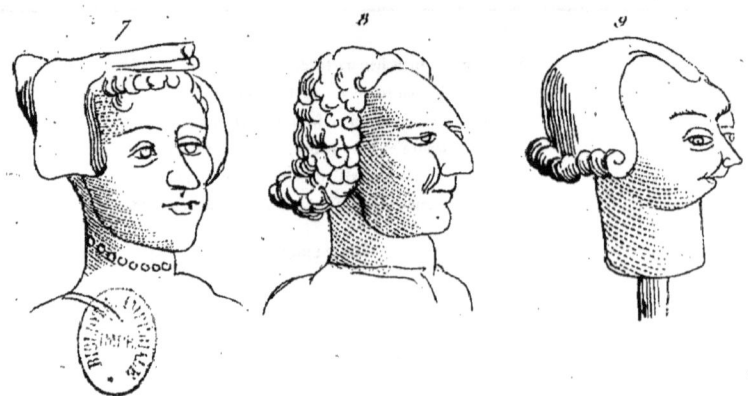

torse aux membres inférieurs, sur les côtés des flancs et à la région des lombes, unie avec les membres par une transition dont la mollesse et l'élégance forment un caractère de beauté également apprécié chez tous les peuples. Les fleurs les plus élégantes n'offrent pas dans leurs contours des inclinaisons plus moelleuses et mieux graduées, se fondant mieux les unes dans les autres que ces lignes dessinées à la surface du corps d'une femme, dont toute la structure extérieure brille du double éclat de la jeunesse et de la beauté. C'est d'ailleurs aux régions du corps où une belle femme est plus belle, que les effets de ces lignes ondoyantes et serpentines sont plus marqués, comme on le voit à la ceinture et aux contours du cou et du sein qui firent reconnaître Vénus déguisée en vieille (1); et dont Edmond Burke a si bien apprécié le genre d'agrément et d'attrait (2). La structure intérieure du corps humain, ou ce que les sculpteurs appellent le dessous (3), produit par son admirable disposition, ces lignes coulantes et gracieuses qui donnent une beauté réelle à la surface du corps humain, et d'où résulte cet aspect qui, dans un temps très-court, fait faire à l'œil un exercice aussi actif qu'agréable, en lui offrant sous mille formes le spectacle varié du mouvement et de

---

(1) « Vénus, qui s'était d'abord déguisée en vieille, fut reconnue par Hélène à la beauté de son cou et de son sein, aussi bien qu'à l'éclat de ses yeux. » (*Il.*, *lib. III.*)

(2) « Observez, dit Edmond Burke, cette partie où une belle femme est plus belle; les contours de son cou et de son sein, leur poli, leur renflement léger et comme insensible, la variation de leur surface, qui n'est jamais la même dans le plus court espace; leurs détours, où l'œil s'égare sans prévoir où il se fixera ni où il pourra se porter. » (*Traité du Sublime*, l. C., p. 184.)

(3) Composé des os et des muscles, dont les saillies ondoyantes et serpentines sont adoucies et rendues plus coulantes par la graisse et le tissu cellulaire qui remplissent les intervalles trop grands, et adoucissent tous les passages.

la vie. Le concours des lignes ondoyantes et serpentines dans la beauté est si évident et si marqué, que l'on va progressivement du plus beau type au plus laid, d'une tête antique à une tête à perruque, à mesure que le nombre de ces lignes diminue et que l'on voit dans une série de têtes leur inclinaison se redresser et laisser dominer les lignes droites (*Voyez* fig. 1, 3, 4, 5, 6, 7, 8 et 9, pl. 490.) (1)

Quant aux formes qui contribuent également par leur nature et leur combinaison à la beauté, elles sont présentées dans l'organisation humaine par l'ovale de la tête, le cylindre du cou, les hémisphères du sein dans la femme, plusieurs autres contours du corps, ainsi que par les colonnes de la cuisse et des jambes, des bras et des avant-bras, dont nos vêtemens modernes ne marquent jamais les séparations sans nuire à la beauté (2). De semblables dispositions doivent peut-être étonner le physicien, et l'engager à demander au physiologiste comment tant de beautés et de graces peuvent se concilier dans le corps humain avec la force, la puissance exigée par le nombre et la variété des services et des mouvemens de cette admirable organisation. Il semble que pour obtenir d'aussi grands effets il fallait des leviers prolongés et puissans, des formes anguleuses et propres à favoriser la puissance et à l'économiser. C'est en effet de cette manière que l'on procède dans nos grossières et imparfaites mécaniques; mais la nature a pris une autre route pour arriver au même résultat. Compensant la défaveur des leviers par l'étendue de la force motrice, elle a su réunir dans l'économie organique de l'homme la beauté des formes à l'énergie et à la variété des mouvemens. L'homme

---

(1) *Voyez* Hogarth, Analyse de la Beauté, traduite par Jansen, vol. 1, p. 213.

(2) Pour bien sentir l'effet désagréable de cette coupure par nos vêtemens, qui divisent le corps en petites parties, il suffirait de mettre des bas, des jarretières à une Vénus, et un pourpoint et des mules du Palais, ou un justaucorps à l'Antinoüs et à l'Apollon.

est sans doute le premier des animaux, sous ce rapport de la réunion de la force et de la beauté réelle de ses formes, que l'on peut regarder comme un des principaux attributs de sa nature. Après lui viennent les animaux légers à la course, tels que le cheval, le cerf, le chevreuil, la gazelle, chez lesquels l'étendue et la facilité des mouvemens n'excluent pas à la surface du corps le nombre et l'agréable combinaison des lignes ondoyantes et des formes arrondies. Les animaux dont l'extérieur offre une disposition opposée, et des lignes droites, des formes carrées qui les rapprochent de nos grossières mécaniques, ne peuvent jamais être regardés comme beaux, quelle que soit d'ailleurs la liaison de leur structure extérieure avec le bon état et la perfection dont leur organisation est susceptible. Tels sont le crapaud, la grenouille, le cochon, la raie et le plus grand nombre des poissons cartilagineux.

Plus on se livrera à la contemplation des grands modèles, plus on étudiera la beauté de l'homme et de la femme dans son ensemble ou dans ses détails, plus on se persuadera de la justesse et de la fécondité d'application des principes que nous venons d'exposer. Ne pouvant donner plus d'étendue à ces recherches, nous les terminerons par le passage suivant tiré de l'excellent ouvrage de M. Émeric David, relatif aux charmes de détail que présente une maîtresse chérie à l'imagination brûlante du jeune homme dont les beautés les plus accomplies ont obtenu le premier hommage.

« Le bel Agathon, Agathon, le disciple de Socrate, aimait la jeune Hélice, et il disait :

« Hélice paraît belle quand on la regarde comme on regarde la fleur des champs. Aux yeux avides de l'amour, elle est plus belle encore. Sa taille est haute, moins cependant que la mienne, car la nature m'a donné la force pour notre bonheur commun. Aimable pudeur, ne me dérobe pas ces belles épaules, ces épaules inclinées, mais sans mollesse, qu'une douce vallée partage également. Une chair compacte et polie, des os que l'on devine et qu'on n'aperçoit pas, promettent au toucher une jouissance réciproque et moelleuse. Quand mon bras se presse autour de sa ceinture, ma main vient retrouver mon cœur. Son corps souple, en cédant à l'étreinte, se plie comme le jonc liant que Zéphire caresse. Le fuseau ne tournait pas mieux sous la main de l'industrieuse Arachné que sous les doigts alongés et rapides d'Hélice. Les Grecs admirent voluptueusement l'élégance des pieds : que de vie, de graces, d'esprit dans son pied charmant! Des malléoles fines et solides portent sans fatigue le poids du corps; son talon léger effleure à peine la terre; des doigts librement rapprochés concourent tous à l'élan de sa course. Non, je ne puis exprimer la perfection de ton visage! Ta tête légère et presque ronde est un doux fardeau pour ton cou droit, flexible et poli. Les boucles nombreuses de tes cheveux, se partageant au-dessus de tes sourcils faiblement arqués, me laissent voir la pureté de ton front et celle de tes regards. Tes sourcils ne sont pas joints et ne sont pourtant pas séparés. Tes yeux, qu'ils animent, grands avec modération et bien enchâssés, sont encore protégés par de longues et pudiques paupières. Que je me plais à n'apercevoir en toi de terrestre que ce qui peut servir à quelqu'un de mes plaisirs! Ton nez droit et ferme, qui n'est point aquilin, mais qu'on croirait disposé à le devenir; le léger intervalle qui le sépare de ta bouche à peine ouverte; un menton doucement arrondi; des dents fraîches et brillantes comme les perles de la rosée du matin; toutes ces parties de ta figure furent modelées suivant ce principe heureux. Tes lèvres actives remporteraient à Mégare et à Phliasie le prix du baiser. Ton haleine est suave comme le parfum du miel. Hélice, Hélice, ne m'arrête pas! tes deux seins, élancés comme des boutons de rose, mais aussi délicats, furent écartés l'un de l'autre avec prudence : tel est l'oreiller de l'Amour, quand le duvet fléchit sous la tête du dieu. Être accompli ! j'aurais pu admirer tant de beautés et ne point t'aimer encore ! Mais j'ai vu dans tes yeux les rayons prolongés d'un feu céleste, et la douceur et la pitié, le sourire ingénu sur tes joues, une convenance exquise entre tes moindres mouvemens et ton innocente pensée, et j'ai senti mon existence attachée à la tienne. Tu as fixé dans mon ame l'idée de la beauté humaine et celle de la perfection divine. Si Zeuxis eût pu te connaître, il n'aurait pas cherché plusieurs modèles. » (1)

École de Médecine de Paris, 5 septembre 1807.

---

(1) Recherches sur l'Art statuaire, considéré chez les anciens et chez les modernes, page 67.

II.

DES TEMPÉRAMENS.

On s'attend vraisemblablement dans cet ouvrage à de longs détails, à une dissertation en forme sur les tempéramens; mais on se trompe. Haller et Zimmermann, Kæmpf et Oberreit, ont traité cette matière à fond, et une foule d'auteurs depuis Aristote jusqu'à Huart, depuis Huart jusqu'à Boehme, et depuis Boehme jusqu'à Lawaz', en ont tant parlé, qu'elle semble entièrement épuisée : je ne la toucherai donc qu'en passant.

De même que chacun de nous a sa propre forme et sa propre physionomie, de même chaque corps humain, ou plutôt chaque corps en général, est composé, d'après des règles fixes, de différens ingrédiens, homogènes et hétérogènes; et je ne doute pas un instant, s'il m'est permis d'employer cette façon de parler, que dans le grand magasin de Dieu il n'existe pour chaque individu une formule de préparation, une ordonnance particulière, qui détermine la durée de sa vie, le genre de sa sensibilité et de son activité; d'où il suit que chaque corps a son propre tempérament individuel, son propre degré d'irritabilité et d'élasticité. Il est également incontestable que l'humidité et la sécheresse, la chaleur et le froid, sont les quatre qualités principales du corps, tout comme il est certain que ces qualités ont pour base l'eau et la terre, le feu et l'air.

De là naissent naturellement quatre tempéramens principaux : le colère, où la chaleur domine ; le flegmatique, où l'humidité a le dessus; le sanguin, où il y a le plus d'air ; et le mélancolique, où la terre prévaut ; c'est-à-dire, que l'élément dominant est celui dont il entre le plus d'ingrédiens dans la composition de la masse du sang et du suc nerveux ; et c'est dans cette dernière partie sur-tout qu'ils se convertissent en substances infiniment subtiles, et pour ainsi dire volatiles. Mais, en admettant toutes ces propositions, on voudra, j'espère, convenir aussi avec moi, premièrement, que ces quatre ingrédiens principaux étant susceptibles de changemens et de mélanges à l'infini, il doit en résulter nombre de tempéramens, dont le principe dominant sera souvent très-difficile à reconnaître ; vu sur-tout que le concours et l'attraction réciproque de ces ingrédiens peuvent aisément produire ou détacher une nouvelle puissance d'un caractère tout à fait différent. Cette nouvelle puissance prédominante peut être si variée, si compliquée, qu'aucune des dénominations reçues ne lui conviendra.

En second lieu, une autre observation beaucoup plus importante et à laquelle on fait encore moins d'attention, c'est qu'il existe dans la nature quantité d'élémens, ou, si l'on veut, de substances, qui peuvent servir à la composition des corps, et qui ne sont proprement ni eau, ni air, ni feu, ni terre; substances, dont ordinairement on ne tient pas assez compte dans nos théories des tempéramens, et qui pourtant occupent une place très-réelle dans la nature. Tels sont, par exemple, l'huile, le mercure, l'éther, la matière électrique, le fluide magnétique. (Je passerai même sous silence les substances purement hypothétiques, telles que l'*acidum pingue* de Meyer, la matière frigorifique de Schmidt, l'air fixe de Black, l'air nitreux de l'abbé Fontana.) Supposez seulement trois ou quatre de ces nouveaux élémens, et il peut y en avoir des centaines, pour lesquels nous n'avons pas encore trouvé de noms ; supposez-en, dis-je, seulement trois ou quatre, combien de nouvelles classes générales de tempéramens ne produiront-ils pas, et quelle multitude de subdivisions ne s'ensuivra-t-il pas ? Pourquoi n'y aurait-il pas un tempérament huileux, tout comme il y en a un aqueux ? un éthéréen, aussi bien qu'un aérien ? un mercuriel, aussi bien qu'un terrestre ? (1)

La seule matière phlogistique de Stahl, combien ne donne-t-elle pas de compositions remarquables, ou de formes substantielles ? Des substances huileuses, bitumineuses ; et de toutes ces substances il n'y en a pas une seule qui doive être confondue avec les autres, chacune ayant ses propriétés et ses effets particuliers, tant dans la nature que dans l'art. On pourrait ajouter encore aux précédentes la composition ou la forme métallique, avec les différentes espèces qui lui sont subordonnées ; car il est décidé depuis long-temps que la masse de notre sang renferme des particules ferrugineuses.

---

(1) Il est impossible de se montrer plus étranger aux notions les plus communes de la physique et de la physiologie. *Voyez* les remarques suivantes. (*Note des Éditeurs.*)

La terre seule, par exemple, combien de sortes de sels ne contient-elle pas! Dès-lors les noms de tempérament terrestre ou de tempérament salin ne présentent encore que des idées très-vagues, puisque les sels diffèrent entre eux comme le chaud du froid, puisqu'il y a une distance prodigieuse entre le sel acide et le sel alkali, les deux espèces générales, qui forment ou qui composent toutes les autres.

Il me semble donc que, pour arriver à une connaissance exacte des tempéramens, tant dans la physiognomonie que dans la médecine, il conviendrait de se frayer une route plus simple que celle qu'on a suivie jusqu'ici : il faudrait renoncer plus ou moins aux anciennes distinctions, et en établir de nouvelles, qui, pour être plus nombreuses, n'en seraient que plus claires et plus justes. Quelle que soit la nature intérieure du corps, quels que soient la matière dont il est composé, son organisation, la constitution de son sang, son système nerveux, le genre de vie auquel il est destiné, la nourriture qu'il reçoit, le résultat de tout ceci n'offre jamais qu'un certain degré d'irritabilité et d'élasticité, d'après un point donné. Ainsi, tout comme l'élasticité de l'air diffère suivant sa température, et ne saurait être déterminée par une analyse interne, mais uniquement par les degrés de son activité, l'on pourrait, si je ne me trompe, employer la même opération pour constater les tempéramens du corps humain. Leur analyse interne est impossible, ou du moins de la plus grande difficulté ; mais le résultat des substances dont ils sont composés est toujours positif, et marque un certain degré d'irritabilité, d'après un point d'irritation donné.

Ces réflexions me portent à croire que par des évaluations barométriques et thermométriques, on pourrait déterminer tous les tempéramens avec beaucoup plus de facilité et d'exactitude qu'on ne l'a fait jusqu'ici en suivant l'ancienne classification. Rien n'empêcherait cependant de conserver celle-ci en même temps, mais ce ne serait que pour les cas où il serait impossible d'adopter un degré positif d'irritabilité ou de non irritabilité; pour des cas, par exemple, où, dans la composition que nous appelons aujourd'hui mélancolique, le degré d'irritabilité sur un même objet ne monterait jamais au-dessus du tempéré, et, dans la composition colérique, ne descendrait jamais au-dessous du tempéré.

Quant aux quatre tempéramens ordinaires, on pourrait considérer aussi leur irritabilité d'après les effets marqués qui en résultent, d'après le penchant qui fait préférer à chacun en particulier le haut ou le bas, l'éloignement ou la proximité. C'est ainsi que le tempérament colère aspire toujours à s'élever; il prend l'essor sans craindre le danger. Plus timide, au contraire, le mélancolique creuse, approfondit; il aime le solide et s'y attache. Le sanguin se jette dans le lointain, et ses distractions l'égarent dans l'infini. Le flegmatique ne cherche ni à monter, ni à descendre, ni à s'éloigner; il ne veut que ce qu'il peut obtenir paisiblement et sans peine, que ce qui est à sa portée;

il choisit le chemin le plus court pour parcourir l'horizon borné qu'il s'est tracé ; rarement fera-t-il un pas de plus qu'il ne doit.

Si la température du corps humain pouvait être déterminée comme celle de l'air, on s'appliquerait à trouver, par le degré de l'irritabilité, l'essence et la somme de chaque tempérament, et tout ce qui peut contribuer à nous rendre sa connaissance plus utile.

Je vois beaucoup de gens dont il me serait impossible de dire auquel des quatre tempéramens connus ils appartiennent ; mais si l'on agréait une échelle de cent degrés pour la sensibilité qu'exciterait un même objet donné, je me ferais fort, la plupart du temps, d'indiquer, d'après des observations exactes, dans quelle dixaine de l'échelle tel ou tel individu doit être rangé. J'insiste toujours sur le même objet donné, et cela est absolument nécessaire ; car, puisque chaque tempérament a sa propre irritabilité dans le haut, dans le bas, etc., il faut aussi un point fixe auquel on puisse les comparer tous à la fois, et qui opère sur eux ; tout comme un thermomètre ne donne des indications exactes qu'autant qu'il reste toujours à la même place.

Tout le monde est le maître d'établir ce point fixe suivant son bon plaisir.

Chacun pourrait se choisir soi-même pour le thermomètre des tempéramens qui agissent sur lui. La planche 213, page 197, tome cinquième, peut servir à expliquer mon idée.

Dans l'estimation des tempéramens, ou plutôt du degré d'irritabilité sur un même objet donné, il faut distinguer soigneusement deux choses : une tension momentanée, et l'irritabilité en général ; ou, en d'autres termes, la physionomie et le pathos du tempérament.

On observera encore que la température ou l'irritabilité du système nerveux de chaque être organique répond à des contours déterminés ou déterminables ; que le profil seul, par exemple, offre des lignes dont la flexion permet d'établir le degré de l'irritabilité.

Tous les contours du profil du visage, ou du corps humain en général, présentent des lignes caractéristiques que nous pouvons considérer de deux manières différentes : d'abord, suivant leur nature intérieure, ensuite d'après leur position. Leur nature intérieure est de deux sortes, droite ou courbe ; l'extérieure est, ou perpendiculaire, ou oblique. L'une et l'autre ont plusieurs subdivisions, mais qu'il n'est pas difficile de classer. Si l'on ajoutait encore à ces contours du profil, quelques lignes fondamentales du front placées les unes au-dessus des autres, je ne douterais plus qu'on ne parvînt à en déduire la température de chaque individu en général, le plus haut et le plus bas degré de son irritabilité pour chaque objet donné.

Le pathos du tempérament, l'instant de son irritation effective, se montre dans le mouvement des muscles, lequel est toujours dépendant de la constitution et de la forme de l'individu. Il est vrai que chaque visage, chaque tête humaine est suscep-

PHYSIONOMIES DES TEMPÉRAMENS.

tible, jusqu'à un certain degré, de tous les mouvemens des passions; mais, comme ce degré est infiniment plus difficile à trouver et à déterminer que les contours dans l'état de repos, et que ceux-ci nous mettent d'ailleurs à portée de juger par induction du degré de l'élasticité et de l'irritabilité, on pourrait s'en tenir dans les commencemens à ces contours seuls, et même se contenter de la ligne du visage en profil, ou de la ligne fondamentale du front, puisque la tête est le sommaire de tout le corps, et que le profil ou la ligne fondamentale du front est à son tour le sommaire de la tête. On sait déjà que plus une ligne approche de la forme circulaire, et à plus forte raison de l'ovale, plus elle répugne à la chaleur du tempérament colère; qu'au contraire elle en est l'indice plus ou moins certain, à mesure qu'elle est droite, oblique ou coupée.

SEPT PROFILS.

Nous avons parlé tantôt de caractères faits pour commander ; voici quatre profils qui en fournissent des exemples. Malgré la petitesse du dessin, si contraire aux grands effets, on retrouve dans ces visages une empreinte de supériorité que rien ne saurait effacer. Chacun d'eux est destiné au commandement, et sa forme seule l'appelle à un rang élevé. Le front, qui est le siége principal des facultés naturelles, a été très-imparfaitement rendu dans ces quatre figures, affaibli même dans les trois premières ; mais l'ensemble du visage indique assez une souveraine autorité, et cette expression est confirmée en particulier par le nez, surtout dans les n°s 2 et 4, dont le regard est d'ailleurs si énergique. 1 paraît avoir le plus de douceur et de faiblesse ; 2 le plus de fermeté et de courage ; 3 le plus de circonspection ; 4 le plus de sens, de noblesse et de modestie.

Quelque mesquine que soit la manière du dessin, les contours de ces têtes présentent encore des caractères semblables aux précédens, et auxquels il serait difficile de se méprendre : elles n'avaient besoin ni de laurier, ni de couronne, ni d'ornement sacerdotal, pour annoncer l'éminence de leur rang. Le n° 5 n'a pas le même air de grandeur que les deux autres, mais il a d'autant plus de sérénité, de raison et d'affabilité : avec une telle

Tom. 8. Pl. 492.

physionomie le cœur est content et l'esprit opère aisément tout ce qu'il veut. La forme du visage dans l'ensemble, et sur-tout l'œil et le nez, assureront toujours au n° 6 une majesté vraiment royale qu'aucun portrait, qu'aucune caricature ne saurait lui faire perdre. Enfin, le front auguste du n° 7, ses sourcils, son regard pénétrant, son nez plein d'énergie, et en particulier la force de la mâchoire, persuaderont tout le monde que le doigt de Dieu marqua ce visage pour être celui d'un grand prince.

LES ÉTUDES DE LA PHYSIONOMIE.

QUATRE PROFILS.

Nous connaissons déjà plus ou moins ces quatre profils ; c'est ici l'endroit de les examiner en détail.

1. Tout montre le flegmatique dans celui-ci ; toutes les parties du visage sont émoussées, charnues, arrondies. Seulement l'œil est un peu trop colère ; et si les sourcils étaient placés plus haut et un peu moins fournis, ils n'en seraient que plus analogues au caractère. Cette physionomie n'est pas celle d'un esprit tout à fait grossier ; je lui crois plutôt un certain enjouement et beaucoup de mémoire. Pour compléter l'idéal d'un vrai flegmatique, la bouche devrait être plus ouverte, les lèvres plus molles et plus rabattues.

2. On reconnaît d'abord l'homme colère, quoique le sourcil pourrait être plus épais, la pointe du nez plus aiguë et plus énergique, la narine plus large et marquant une respiration plus forte. Le regard aurait dû être plus vif et plus animé ; tel qu'il est à présent, je le trouve trop voluptueux. Le front est aussi trop fin et n'a pas assez de nœuds. Chez les gens fort colères, le globe de l'œil est à fleur de tête, on aperçoit beaucoup de blanc au-dessous de la prunelle, et en même temps la paupière supérieure se retire, au point qu'elle disparaît presque entièrement tant que l'œil reste ouvert ; ou bien, si l'œil est enfoncé, les contours en sont vigoureusement prononcés. Ceux du flegmatique,

Tom. 8. Pl. 493.

au contraire, sont plus mous, plus émoussés, plus flasques et moins tendus. Vu de profil, l'œil du colère présente des contours fortement courbés, tandis que chez le flegmatique ils sont légèrement ondés. Il est bien entendu cependant que ces signes-là ne sont pas les seuls caractéristiques, qu'ils n'appartiennent pas exclusivement à tous les colères ni à tous les flegmatiques ; mais on ne saurait les avoir sans être colère ou flegmatique. Une lèvre de dessous qui avance est toujours l'indice de ce dernier tempérament : elle provient de la surabondance, et non de la disette des humeurs ; si en outre elle est anguleuse et fortement exprimée (davantage même que dans ce profil-ci), elle devient la marque d'un flegme mêlé d'une teinte colérique, c'est-à-dire, d'une humeur tranquille qui peut se laisser aller aux premiers bouillons de la colère. La lèvre d'en bas est-elle molle, écourtée, pendante, alors c'est du flegme tout pur.

3. Ceci est l'image d'un sanguin, qui a trop de flegme. A cela près, l'œil, le front et le nez, sont parfaitement dans le vrai. Sans être trop arqués, ni trop durs, ni trop rétrécis, ils ont de la mollesse, et cependant de la précision. La bouche aussi est sanguine, et décèle du penchant au plaisir. Je remarque un peu trop de flegme dans le menton.

4. Il y a le plus de vérité dans le profil du mélancolique. Ce regard opiniâtrément baissé ne se relèvera pas pour contempler et pour admirer les merveilles du firmament. Un point obscur

l'attache à la terre et absorbe toutes ses pensées. La lèvre, le menton, le pli de la joue, annoncent une ame sombre et chagrine, qui ne s'ouvre jamais à la joie. L'ensemble de la forme, et les sillons du front répugnent absolument à la gaieté; tout, jusqu'à ces longs cheveux plats, ajoute à l'air de tristesse qui est répandu sur cette figure. Le nez pourrait faire soupçonner une espèce de pénétration pour les choses obscures.

Il y a des mélancoliques d'un tempérament très-sanguin. Irritables au dernier point; doués d'un sentiment moral exquis, ils se laissent entraîner au vice : ils le détestent, et ils n'ont pas assez de force pour lui résister. La tristesse et l'abattement auxquels ils sont livrés, se peignent dans un regard qui cherche à se cacher, et dans quelques petites rides irrégulières qui se forment sur le front. Et tandis que les mélancoliques proprement dits ont ordinairement la coutume de fermer la bouche, ceux dont je parle la tiennent toujours un peu entr'ouverte. Souvent les gens mélancoliques ont les narines petites : rarement vous leur trouverez les dents belles ou bien rangées.

Tom. 8. Pl. 494.

PHYSIONOMIES DES TEMPÉRAMENS.

QUATRE PROFILS.

QUATRE caricatures, dira-t-on, et j'en conviens ; et j'ajouterai même que tout portrait, que tout dessin l'est plus ou moins. Cependant telles que nous les voyons-là, ces têtes sont encore assez significatives pour servir de texte à des observations importantes.

1. Mélancolique-sanguin par le front, flegmatique suivant la bouche.

2. Colère-mélancolique, à en juger par le front et par le sourcil.

3. Flegme tout pur ; le front et l'œil en font foi.

4. Flegme mélancolique.

Tous les fronts de la forme du premier ont un fonds de mélancolie ou de tristesse, qui souvent est causée par les sentimens de l'amour. 2 et 3 en approchent d'assez près. Le haut du nez 1 a plus de fermeté que les trois autres; celui du 4 annonce le plus de sens. Les bouches ouvertes de 1 et 2 sont d'un flegme qui semble contraster avec des fronts aussi colères. L'ensemble du 3 désigne un caractère faible, toujours flottant, toujours vacillant et qu'un rien décourage. 4 est un homme sincère, quoiqu'un peu sauvage : il a le propos sec et laconique, mais comptez hardiment sur ce qu'il dit. Le bas du visage 3 est extrêmement sanguin ; celui du 2 a l'air déterminé. L'œil 4 est en même temps colère et mélancolique. J'assignerai en général au profil 1 le plus d'opiniâtreté, au 3 le plus de flexibilité, au 4 le plus de fermeté.

Tom. 8. Pl. 495.

PHYSIONOMIES DES TEMPÉRAMENS.

QUATRE TÊTES.

A en juger suivant la méthode ordinaire, le premier de ces visages est flegmatique-colère, le second sanguin-flegmatique, le troisième flegmatique-sanguin, le quatrième colérique-mélancolique; mais que ces qualifications disent peu! Ce sont là quatre hommes impurs qui accusent devant le Seigneur la femme adultère. Chacun dans son genre effraie par son air de méchanceté, et annonce une dureté que rien ne saurait fléchir. Vous tous, qui lirez ceci, gardez-vous de lier amitié avec des hommes qui leur ressemblent. Ces gens-là sont insensibles à toute vertu morale, et vous ne l'êtes pas, vous, pour qui j'écris. Leurs jouissances ne sont que brutalité. Ils sont vendus au mal. Tous quatre, ils auraient réuni leurs voix pour condamner Calas à la roue : le premier avec une dureté stupide et grossière, le second avec un flegme sanguinaire, le troisième avec une indifférence moqueuse, le quatrième avec une cruauté opiniâtre et raisonnée. Pas la moindre sensibilité ; nulle compassion ; ils ne sont accessibles par aucun endroit. *Fuyez ces méchans, ils sont incorrigibles.*

CINQ PROFILS.

1. Flegmatique colère, sensé à demi ; physionomie des plus triviales, si l'on excepte l'œil et une partie du nez; c'est un spectateur oisif et indifférent. Une seule idée ordinaire l'occupe en entier, absorbe toutes ses facultés, remplit tout son cerveau. Borné à cet objet unique, son œil l'aperçoit et l'embrasse avec assez de justesse et de clarté, mais s'arrête pourtant toujours à sa superficie.

2. Caricature d'un grand homme sanguin-colérique. Si jamais l'original de cette tête pouvait tomber en enfance, c'est à peu près cette mine qu'il prendrait : avec un tel sourcil, un tel œil envisage les choses clairement et profondément. Le front est bâti pour loger un monde d'idées. Proportion gardée, le nez est un peu trop obtus par le bas. Il y a de l'esprit et de l'enjouement dans la bouche.

3. Flegmatique aux trois quarts, sanguin-colère pour l'autre quart. La bouche et le bas du visage compensent, ou plutôt font disparaître le peu de bon sens que promettaient le front et le nez.

4. Caractère sec, terrestre, dur, insensible à la joie, et pourtant pas absolument mélancolique. Comme toutes les parties du visage sont émoussées, je dirais presque, rognées! Cet homme ne fait que douter et peser : il rejette tout ce qui est incertain, tout ce qui n'est vrai qu'à demi, tout ce qui n'est pas prouvé

PHYSIONOMIES DES TEMPÉRAMENS.

jusqu'à la démonstration. A force de sagesse il risque à tout moment de devenir fou, et sa trop grande rigidité pourrait bien en faire un tyran.

5. Tout homme qui cherche et qui aime la vérité, peut se convaincre à chaque moment combien il est difficile de ranger certaines physionomies dans l'ordre des quatre tempéramens reçus. Il y a une infinité de gens dont il est presque impossible d'indiquer le tempérament prédominant ; ou bien si vous essayez de le caractériser en gros, vos définitions ne seront ni justes, ni instructives. C'est ainsi, par exemple, qu'on pourra dire de mille personnes que le tempérament colère domine chez elles ; mais nous n'en serons pas plus avancés ; car ces mille individus se ressemblent si peu, la diversité de leurs goûts est si prodigieuse, leur façon de sentir diffère si fort, que votre classification, fût-elle d'ailleurs exacte, ne les fera pas mieux connaître. Il en est de même du tempérament flegmatique, et des deux autres. Le profil n° 5 représente un homme infiniment judicieux, plein de calme, de goût et de douceur, et cependant entreprenant; un de ces hommes dont on ne doit rien dire, et dont on pourrait remplir des volumes entiers. Lequel des quatre tempéramens lui assigneriez-vous? Aucun, répondrais-je, et cependant ils se retracent tous sur cette physionomie. Le nez tient du colère ; il est aussi un peu sanguin, ainsi que la bouche ; il y a une teinte de mélancolie dans l'œil ; le menton et les joues sont plus ou moins flegmatiques.

Prenez cette figure depuis le haut jusqu'au bas, et elle doit nécessairement réveiller l'idée d'un flegmatique achevé. Nulle force dans les traits, nulle tension dans les contours ; par-tout le même degré d'assoupissement, de timidité et de nonchalance. A coup sûr vous n'attendrez ni de grandes entreprises, ni de vastes projets d'un caractère aussi simple, aussi paisible, aussi insouciant. Pourvu qu'on lui laisse ses aises, pourvu que rien ne trouble sa tranquillité domestique, le monde entier pourra être en activité et en agitation autour de lui, il ne s'en mettra point en peine.

Tom. 8. Pl. 498.

Il est manifeste qu'ici c'est le tempérament colérique-flegmatique qui domine. Ce caractère n'est pas fait pour les jouissances voluptueuses, pour l'épicuréisme du sanguin : vous n'y voyez pas non plus le génie du mélancolique absorbé dans des rêveries profondes; cependant les contours du visage sont trop aigus, trop anguleux pour exprimer un flegme sans mélange. Cet homme n'est pas stupide, à la vérité, mais son esprit, n'ayant pas reçu la moindre culture, a perdu de sa force naturelle. Il pourra être sincère, serviable, plein de bonne volonté et de bonnes intentions; mais je réponds qu'il ne sera jamais susceptible de beaucoup de tendresse, ni d'une grande délicatesse de sentimens. Dans l'état de faiblesse où il est réduit, il n'agit plus que machinalement; il ne met point de suite dans ce qu'il fait, il ne lui reste que le simple mécanisme de son énergie passée.

Malade dont le tempérament est difficile à déterminer. Rien de sanguin; et si on le compare avec l'être indolent que nous avons vu ci-devant assis dans son fauteuil, rien de flegmatique. Cependant l'ensemble suppose un penchant colérique, et le creux au-dessus de l'œil présage des nuages mélancoliques. Je pense que cet homme-ci doit avoir été bon travailleur, fidèle à ses devoirs et exact à les remplir. Avec un caractère aussi ferme, et qui n'est maîtrisé par aucun tempérament, il n'en coûte pas beaucoup d'être assidu et rangé.

Tom. 6. Pl. 499.

Tom. 8. Pl. 500.

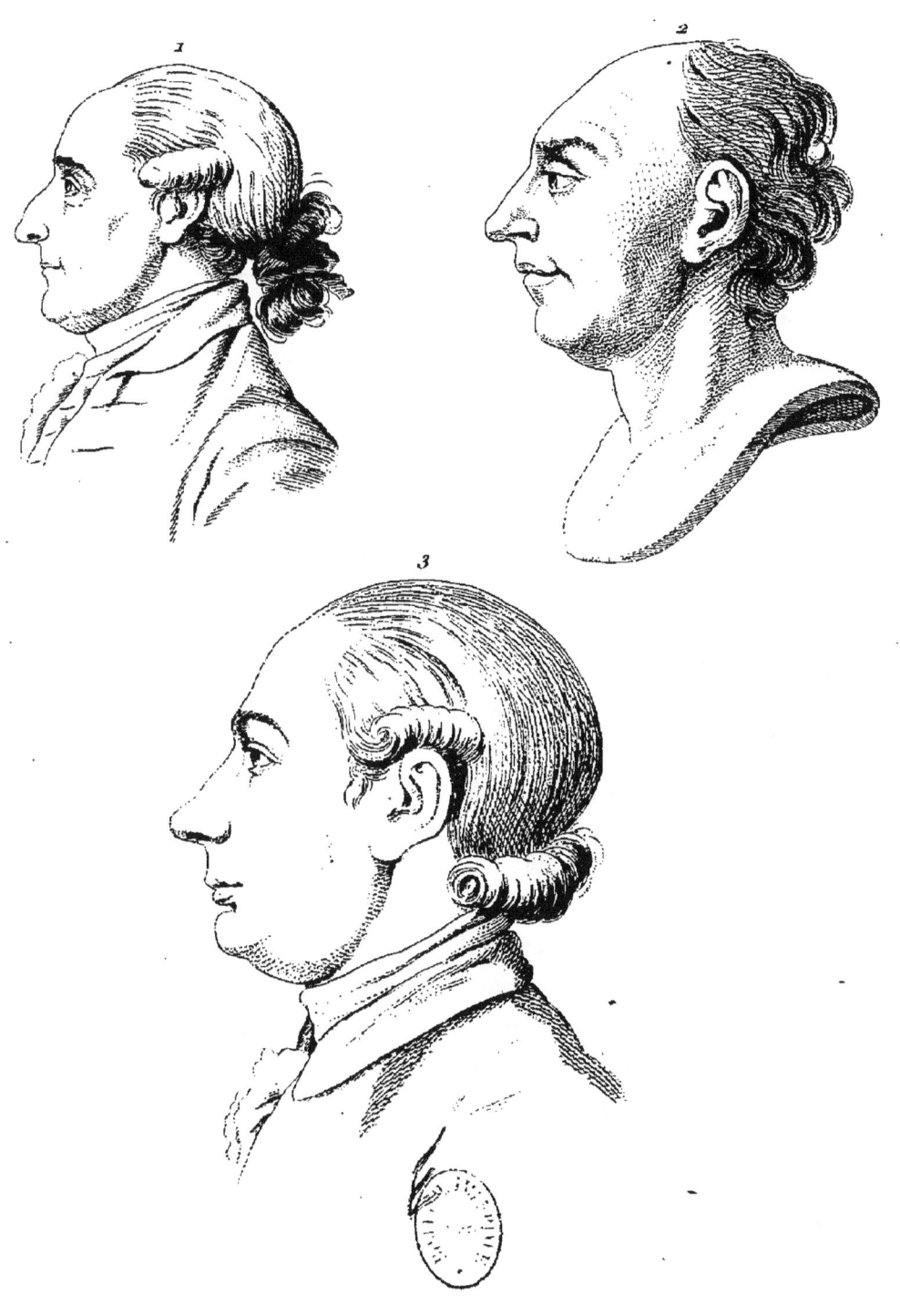

PHYSIONOMIES DES TEMPÉRAMENS.

TROIS PROFILS.

1. Voici un visage qu'à la rigueur on pourrait appeler flegmatique-sanguin. Ce front si fort penché, et son contour uni, tiennent beaucoup du tempérament sanguin; mais outrés, comme ils l'ont été dans le dessin, ils deviennent presque la marque de l'opiniâtreté. Tout bien considéré, je prendrais cet homme pour un demi-génie; je lui assignerais sa place sur la ligne qui sépare la sagesse de la folie. La bouche est fort sanguine : le nez l'est un peu moins; et l'œil, d'ailleurs assez spirituel, aurait le même caractère, s'il n'était troublé par une teinte de mélancolie.

2. Je n'hésiterai pas un moment à dire que le profil n° 2 est d'un caractère sanguin; mais cette définition n'est encore d'aucun usage, parce qu'il y a ici un concours de plusieurs tempéramens. J'ajouterai donc que l'original de ce portrait sait jouir de la vie en homme sage : s'il ne met point de raffinement dans ses plaisirs, du moins il évite les excès. La tournure de son esprit suppose plus de mollesse que de dureté, plus de dignité que d'élévation; un caractère ferme plutôt que des passions violentes; une vivacité passagère plutôt qu'un ressentiment de longue durée. Le sourcil rend fort bien ce qu'il y a de colérique dans cette tête : l'œil est un composé de mélancolie et de flegme, et le même mélange reparaît aussi dans le contour depuis l'oreille jusqu'au menton;

mais dans l'ensemble du profil on aperçoit un fond sanguin, renforcé par une touche colérique.

3. Du côté du tempérament, cette physionomie est très-difficile à caractériser. Elle est trop marquée pour le flegmatique, trop douce pour le colère, trop sérieuse pour le sanguin; trop ouverte, pas assez profonde ni assez sillonnée pour le mélancolique. Un tempérament sanguin-flegmatique semble cependant l'emporter. Le front et le nez promettent, à n'en pas douter, un esprit qui réfléchit mûrement et qui agit avec prudence. C'est un homme de tête, à qui personne ne refusera du talent ; peut-être ne produira-t-il rien de neuf, mais il s'entendra d'autant mieux à choisir, à ranger et à combiner les matériaux qui sont à sa disposition. Une grande mémoire, une élocution aisée, le choix des expressions, beaucoup de zèle à poursuivre un but; voilà ce qui semble distinguer particulièrement les physionomies de cette espèce.

VOILA ce que j'appelle un visage foncièrement honnête, mais dont il est difficile d'indiquer le tempérament. La raison la plus saine, sans génie proprement dit; une tendre sensibilité, exempte de toute affection; une droiture fondée sur l'énergie du caractère; une sagesse qui met à profit chaque leçon de l'expérience; de la clarté dans les idées, de la noblesse dans l'expression, du sang froid et de la vigueur lorsqu'il faut agir, de la modestie sans pusillanimité; c'est ce que vous apercevez dans ce profil aussi bien que moi. Le front est sanguin-flegmatique, l'œil et le nez colériques-sanguins, la bouche sanguine-mélancolique, le bas du visage flegmatique-sanguin.

Ici une mélancolie-flegmatique a le dessus : c'est une humeur chagrine, lente, et qui ne cède pas aisément. L'air morne de ce visage provient de la forme alongée du haut : le bas, charnu et arrondi, indique une molle indolence ; mais l'ensemble promet pourtant un esprit tranquille, ami de l'ordre et du repos, et à qui toute espèce de confusion déplaît. Vous serez frappé du flegme de ce caractère si vous faites attention à la bouche et au contour depuis l'oreille jusqu'au menton. Son penchant mélancolique est tout aussi distinctement exprimé par l'œil, et par le nez rabattu sur ces lèvres épaisses. Le nez, pris à part, annonce beaucoup de jugement et de réflexion.

Tom. 8. Pl. 502.

Tom. 8. Pl. 503.

PENCHANT marqué pour la mélancolie, mais pour cette espèce de mélancolie que je serais tenté d'appeler celle de la pénétration. On voit du premier abord que ce n'est pas là un homme ordinaire. La petite teinte colérique-flegmatique qu'on démêle dans sa physionomie est absorbée par le ton mélancolique de l'ensemble. La crainte et la défiance sont les affections principales d'une organisation aussi *religieuse ;* passez-moi cette expression. Un nez comme celui-ci est la marque d'une douce énergie et d'une prudence consommée. L'œil et la bouche dénotent un homme de cabinet, habile à tracer un plan et à en calculer le résultat. La nature ne le forma point pour des entreprises qui demandent une grande force de corps; mais elle disposa son esprit à sentir profondément les beautés intellectuelles, et sur-tout à goûter tranquillement celles dont il a reconnu la réalité.

DEUX TÊTES.

1. On serait autorisé à dire que ce tempérament-ci est très-flegmatique, très-sanguin; on le serait tout autant à dire qu'il est colère, et même, jusqu'à un certain point, mélancolique. Si la copie est exacte, l'original de ce portrait ne sera pas un très-grand génie; mais il ne saurait être non plus un homme médiocre, moins encore un petit esprit. Le front incline à une disposition sanguine-colérique infiniment heureuse, et modifiée par un peu de flegme. Il en est ainsi du nez et de la bouche; le bas du visage est flegmatique-sanguin. Une douce et mâle éloquence découle de ces lèvres. Les yeux sont trop vaguement dessinés pour être en harmonie avec le front : ils ne disent pas tout ce que celui-ci voudrait leur faire exprimer. Avec une telle physionomie, on doit être nécessairement honnête homme.

2. Caractère bon, doux et paisible, d'un tempérament sanguin-flegmatique. La bonté se peint dans les yeux, la bouche ne respire que la paix, et un beau calme est répandu sur l'ensemble du visage. Cet homme est incapable d'offenser personne, et qui osera jamais l'offenser à son tour? Il aime la tranquillité, l'ordre et la propreté. Il envisage clairement son objet; il pense avec justesse; ses idées et ses raisonnemens sont toujours également bien suivis; tout ce qui est obscur ou faux répugne à son esprit. Il donne d'une main libérale, il pardonne d'un cœur généreux et se fait

une joie de servir tout le monde ; comptez sur ce qu'il dira et sur ce qu'il promettra. Sa sensibilité ne va pas jusqu'à la faiblesse : il aime le bien par-tout où il le trouve. Les plaisirs de la vie ne lui sont pas indifférens; cependant ils ne l'amollissent pas. Ce n'est pas là ce qu'on appelle ordinairement un grand homme ; mais il vaut mieux que cela ; il est l'honneur de l'humanité et de son état. Personnage respectable, je ne vous connais pas et j'ignore absolument qui vous êtes ; mais vous ne m'échapperez point au grand jour qui nous rassemblera tous ; et votre forme, dégagée et purifiée de toute imperfection terrestre, m'apparaîtra et me frappera entre dix mille.

PROFIL d'un des hommes les plus solides et les plus respectables que je connaisse, et qui est à la fois mélancolique, colère, flegmatique et sanguin. Le principe mélancolique qui domine dans ce tempérament lui fait apercevoir avec une sagacité étonnante jusqu'aux moindres imperfections ; mais il est si rigide envers lui-même, qu'il se croit toujours plus de défauts qu'aux autres. Tant de fermeté et de modération ; tant de netteté d'esprit et d'énergie dans le caractère ; tant de sévérité, corrigée par tant de douceur ; un mépris si décidé pour les vanités du monde, et en même temps une si juste appréciation des plaisirs innocens de la vie ; cette haine implacable contre le vice, et cette tendre affection pour la personne du vicieux ; d'un côté une raison exquise qui est au-dessus du préjugé, de l'autre une tolérance philosophique qui sait se conformer aux mœurs et aux usages reçus ; tout cela suppose le plus heureux mélange des quatre tempéramens, et confirme derechef une de mes thèses favorites, que la mélancolie et le flegme sont indispensables au génie et aux grandes ames. Dans ce profil-ci, le caractère de l'œil est mélancolique, et celui de la bouche flegmatique : différence qui ne fait cependant aucun tort à l'harmonie de l'ensemble.

Tom. 8. Pl. 505.

Tom. 8. Pl. 556.

Vous serez porté à mettre ce visage-ci au rang des flegmatiques. La bouche, un peu trop molle en comparaison des autres traits, et le contour assez lâche du menton, justifieraient votre classification. Mais que direz-vous ensuite du front et du nez? Le calme et l'énergie, la sagesse et la fermeté qu'ils expriment, les attendrez-vous d'un caractère maîtrisé par un flegme dominant? ou bien quel sera celui des trois autres tempéramens auquel vous rapporterez exclusivement ces qualités? La question est embarrassante. Tant de sagesse n'appartient point au colère; le mélancolique n'est guère capable de ce degré de sérénité, et le sanguin est ordinairement moins solide. Si vous avez le bonheur de rencontrer un homme dont le front, le nez et les sourcils, soient ainsi conformés, arrêtez-vous, approchez respectueusement, et demandez-lui la permission d'oser recourir à ses conseils.

TROIS TÊTES.

1. Tempérament colérique-sanguin, et qui incline un peu au flegme. Le bas du profil annonce, à ne pas s'y méprendre, le caractère colère, des volontés souveraines, un esprit prompt à former ses desseins, actif à les conduire, impatient d'en voir l'issue. La partie sanguine est caractérisée par le nez, et par ce front si riche en idées, si propre à envisager les objets dans leur vrai jour, et à les embrasser dans toute leur étendue. Le dessous du profil est flegmatique-sanguin. Avec une organisation aussi énergique, aussi productive, on est appelé aux grandes choses, et on en vient à bout : on est disposé à faire le bonheur de ceux qui nous entourent ; mais, pour être heureux soi-même, on a besoin de s'attacher des amis d'un tempérament sanguin-flegmatique et d'une humeur enjouée.

2. Voici un tempérament sanguin-flegmatique. L'ensemble de cette belle physionomie annonce un homme courageux ; le contour du nez indique une fermeté réfléchie ; le front, un esprit juste et présent.

C'est là le jugement que j'ai porté de ce profil, sans le connaître. J'ai su depuis qu'il est l'image d'un homme célèbre, également distingué par son génie, par ses exploits et par son caractère moral ; d'un homme qui met autant de sang froid et de prudence à concevoir ses plans que de chaleur et d'énergie à les

Tom. 8. Pl. 307.

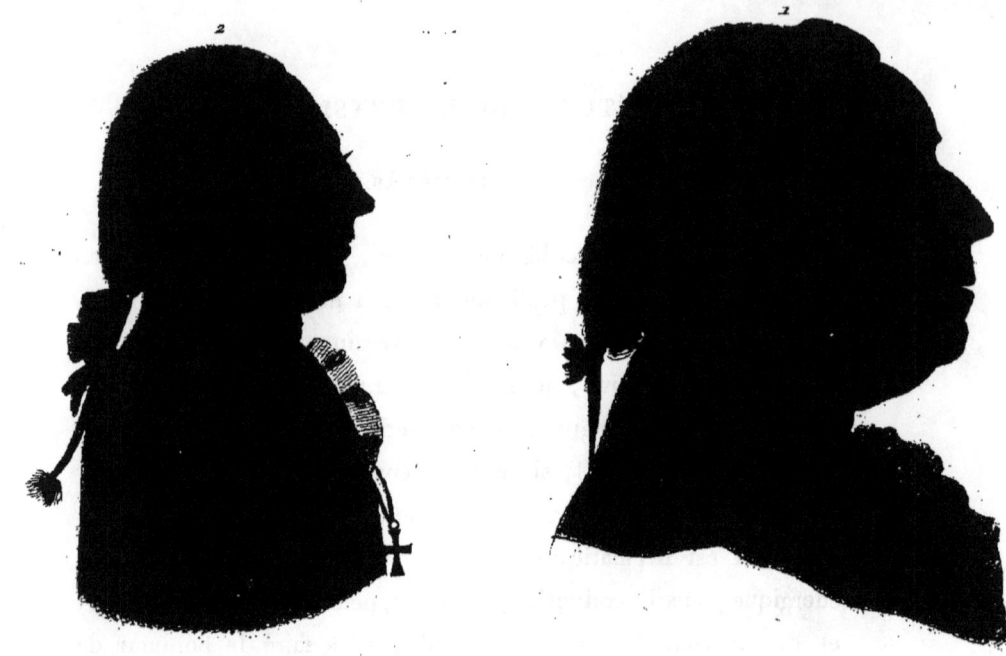

exécuter; qui, dans plus d'une mer, a signalé son courage héroïque, et qui, dans ses écrits, a traité en savant toutes les parties de son métier. Ajoutez à cela un noble désintéressement, une extrême simplicité de mœurs, un fonds de modération et de bonté; et l'on conviendra que celui qui réunit tant d'excellentes qualités à tant de talens, a le droit le mieux constaté à l'estime publique et à nos éloges.

5. Il y a des physionomies qu'on serait tenté d'appeler *pétrifiées*. Elles sont isolées, n'intéressent personne, ne participent à rien, ne sont susceptibles de rien, et se communiquent difficilement. Fermes et inébranlables, ces sortes de gens ne sont ni bons ni mauvais, ni sensés ni insensés; ont dirait qu'ils n'ont aucun tempérament. Mais les visages dont je parle sont infiniment plus rares dans la réalité que dans les ouvrages de l'art : on les retrouve sur-tout dans les copies et dans les imitations faites d'après l'antique. Le n° 3 en fournit un exemple. Fermeté sans énergie, opiniâtreté sans méchanceté, force sans courage; voilà ce qu'on démêle dans ce profil; il n'a rien d'ignoble; il séduit même par un certain air de grandeur, de supériorité et de capacité; et cependant on n'oserait répondre qu'il possède une seule de ces qualités. Tout y est évidemment factice; moitié nature, moitié art; on ne sait qu'en faire.

Voici encore une physionomie dont le caractère est de n'en point avoir. C'est un mélange de la nature et de l'art, de chair et de pierre, de grands traits et de traits insipides ; en un mot, la manière d'un peintre qui court après l'idéal. Jamais la nature ne forma un tel front, ni de tels yeux, ni un tel nez, ni une telle chevelure. Tout cela est sans caractère, sans tempérament ; et, quand même on prendrait le bas pour sanguin-flegmatique, que diriez-vous du nez, dont la coupe est si élégante, et qui n'est pas naturelle à force d'être maniérée ? Dans les premiers momens, cette figure nous rappelle une tête de saint Jean ; mais regardez-la de près, ce n'est plus que le masque d'un beau visage, extrêmement fade.

Je sens et je reconnais combien ces idées sont imparfaites, mais je ne voulais pas répéter ce que d'autres ont déjà dit mille fois. J'ajouterai seulement que, moyennant un *frontomètre*, on parviendra, j'espère, à trouver pour tous les objets en général, les signes propres, les contours, les lignes et le caractère de l'irritabilité ; qu'on fixera les rapports entre tous les contours du front humain et toutes les autres formes quelconques qui apparaissent à nos yeux ou qui influent sur notre sentiment.

Qu'il me soit permis enfin d'indiquer en peu de mots quelques-uns des articles qui manquent encore à mon fragment, et de proposer quelques questions dont je remets la solution à l'expérience des gens sages et bons.

1° L'homme peut-il et doit-il subjuguer entièrement son tempérament naturel, ou bien travailler à le détruire tout à fait? En est-il autrement de notre tempérament que de nos sens et de nos membres? Et de même que chaque créature de Dieu est bonne dans son principe, chaque faculté de cette créature n'est-elle pas bonne aussi? La religion exige-t-elle plus que la fuite des excès, c'est-à-dire, la modération de ceux de nos désirs qui gênent ou qui arrêtent l'exercice d'autres facultés utiles ? Exige-t-elle plus que l'échange des objets de nos passions?

2° De quelle manière un père colère doit-il traiter et guider son fils colère; une mère sanguine, sa fille mélancolique ; un ami flegmatique, son ami colère; en un mot, de quelle manière un tempérament doit-il se comporter envers un autre tempérament?

A cela je répondrai succinctement qu'il faut éviter, autant que possible, d'établir des relations immédiates entre deux tempéramens contraires; qu'il convient de leur ménager toujours l'intervention d'un troisième qui tient l'entre-deux. Un homme colère ne doit jamais traiter avec un autre colère, sans le secours d'un flegmatique-sanguin. Un sanguin se gâtera en se liant avec quelqu'un qui l'est tout autant que lui. Un tempérament fort colère fatiguera le flegmatique jusqu'à l'épuiser, en excitant en lui une trop grande tension. Gardez-vous de rapprocher le sanguin du mélancolique; et ne mettez jamais celui-ci à côté d'un colère, sans leur donner pour médiateur un sanguin-flegmatique.

3° Quels sont les tempéramens qui inclinent le plus à l'amitié? Quels sont ceux qui se conviennent le plus dans l'état du mariage? Je choisirais le sanguin-flegmatique pour le lien conjugal; le colère-mélancolique est plus propre à l'amitié.

4° Quels sont les tempéramens qui ne sauraient subsister immédiatement ensemble? De toute nécessité le colère doit être séparé du colère, mais chacun des autres tempéramens peut s'accorder avec son semblable.

5° Que peut et que doit-on demander de chaque tempérament? quel genre d'occupations et de récréations lui assignerat-on ? quels amis ou quels ennemis lui souhaitera-t-on, soit pour exciter, soit pour réprimer ses passions ? Je ne déciderai pas la question, mais je voudrais qu'elle le fût par des connaisseurs, qui ont mieux que moi approfondi le cœur humain. Tout ce que je dirai en général, c'est qu'il ne faudrait jamais exiger d'un tempérament quelconque, ni immédiatement, ni trop fréquemment, ni trop long-temps de suite, des choses qui lui sont diamétralement opposées ; on devrait tout aussi peu lui proposer celles qui sont trop en conformité avec lui. Dans le premier cas il se rebute, dans le second il se néglige. Il n'y a point de vertu à suivre l'impression du tempérament, mais il est dangereux de devoir toujours lutter contre lui.

6° Y a-t-il dans le même tempérament une mauvaise qualité qui ne soit pas compensée par une bonne ? Je crois que non.

7° Quels sont les traits distinctifs de la physionomie pour chaque tempérament dans des âges et des sexes différens ? Le tempérament mélancolique creuse et contracte de plus en plus les traits du visage ; le sanguin les ride toujours davantage ; le colère les courbe et les aiguise ; le flegmatique les affaisse et les relâche.

Serait-il nécessaire de commenter l'estampe que nous avons sous les yeux. Rien n'est plus ordinaire que de juger des tempéramens sur le mouvement et la couleur ; rien n'est plus rare que d'en juger sur la forme, sur le contour des parties solides, ou des parties molles considérées dans l'état de repos. Tout le monde convient qu'ils sont reconnaissables à la couleur et au mouvement. Personne aussi, à moins de contredire le sentiment intérieur, n'osera nier à la vue de cette estampe, qu'on les reconnaît tous aussi facilement, aussi sûrement, peut-être même plus sûrement encore, à la forme, au contour des parties solides ou immobiles.

Sans doute les caractères de chaque tempérament peuvent varier à l'infini ; et je ne prétends pas qu'ils doivent toujours être les mêmes ; mais il est au moins certain que dans ces quatre profils la forme du visage, les contours et les traits considérés dans l'état de repos, démontrent seuls, et font sentir la différence caractéristique des tempéramens ; nous reprendrons ce sujet ailleurs.

Tom. 8. Pl. 509.

1 Sanguin.

2 Phlegmatique.

3 Cholerique.

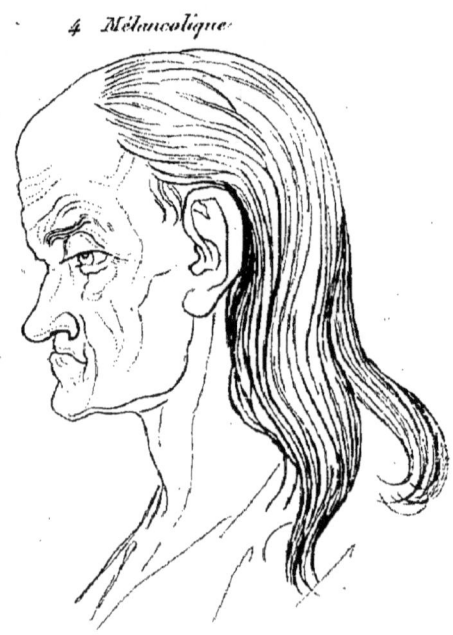

4 Mélancolique.

On appelle force du corps, cette faculté naturelle de l'homme, en vertu de laquelle il agit puissamment et sans effort sur un autre corps, sans céder aisément lui-même à une impulsion étrangère. Plus un homme opère immédiatement et plus il est difficile à être mu, plus il est fort ; moins il peut opérer et moins il résiste au choc d'un autre corps, plus il est faible.

On distingue deux sortes de forces ; l'une tranquille, dont l'essence consiste dans l'immobilité ; l'autre vive, qui a pour essence le mouvement, c'est-à-dire qu'elle le produit, sans y céder elle-même. Celle-ci rappelle l'élasticité du ressort, celle-là la fermeté du rocher.

Je mets au premier rang des gens forts, ces espèces d'Hercule, chez qui tout annonce la constitution la plus robuste : ils sont tout os et tout muscle ; leur taille est élevée, leur chair est ferme et compacte ; ce sont des colonnes inébranlables.

Ceux de la seconde classe sont d'une complexion qui n'a pas la même fermeté, ni la même densité ; ils ont moins de corpulence et sont moins massifs que les précédens, mais leur puissance se développe en raison des obstacles qu'elle éprouve. Lutte-t-on contre eux, veut-on réprimer leur activité, ils soutiennent le choc avec une vigueur, et le repoussent avec une force élastique, dont les gens les plus nerveux seraient à peine capables.

La force naturelle de l'éléphant dépend de son système osseux ;

irrité ou non, il porte des fardeaux immenses; il écrase, sans aucun effort et sans le vouloir, tout ce qu'il rencontre sous ses pas. La force d'une guêpe irritée est d'un genre bien différent; mais ces deux espèces de forces supposent la solidité des parties fondamentales, et la même solidité dans l'ensemble.

La mollesse des corps en détruit la force.

Il est donc facile de juger de la force primitive d'un homme, par la mollesse ou par la solidité de sa complexion. De même aussi un corps élastique a des signes distinctifs qui l'empêchent d'être confondu avec un corps non élastique. Quelle différence entre le pied de l'éléphant et celui du cerf, entre le pied d'une guêpe et celui d'un moucheron !

Une force solide et tranquille se manifeste par une taille bien proportionnée, plutôt trop courte que trop haute ; par une nuque épaisse, de larges épaules, un visage plus osseux que charnu, même en pleine santé.

Voici quelques autres signes qui annoncent cette espèce de force. Un front court, compact, et même noué ; des sinus frontaux bien marqués, qui n'avancent pas trop, et qui sont ou entièrement unis au milieu, ou fortement incisés ; mais dont la cavité ne doit pas se borner à un simple aplatissement de la surface ; des sourcils touffus et serrés, placés horizontalement, et qui joignent les yeux de près; des yeux enfoncés et un regard assuré ; un nez large, ferme, osseux près de la racine; des contours droits et angulaires; le poil de la tête et celui de la barbe court, frisé et épais ; de petites dents, un peu larges et bien arrangées ; des lèvres closes, et dont celle de dessous déborde plus qu'elle ne recule ; un large menton qui avance, l'os occipital noueux et saillant, une voie de basse, une démarche ferme.

La force élastique, la force vive, qui est un effet de l'irritation, doit être aperçue dans le moment de l'activité ; mais on observera de faire abstraction des signes de cette activité, lorsque la force irritée sera réduite à son état de repos. On dira donc que tel corps, qui dans l'inactivité est capable de si peu de chose, qui opère et résiste alors si faiblement, peut être irrité et tendu jusqu'à tel point, peut acquérir tel degré de vigueur. Il se trouvera que cette espèce de force qui est réveillée par l'irritation, réside la plupart du temps dans un corps délié ; assez haut de taille, sans pourtant l'être trop, et en même temps plus osseux que charnu. Vous reconnaîtrez presque toujours à ces sortes de personnes un teint pâle tirant sur le brun ; le mouvement prompt, quoiqu'un peu roide ; une démarche ferme et rapide ; le regard fixe et perçant ; des lèvres bien façonnées qui joignent légèrement, mais exactement.

Les indices suivant sont ceux de la faiblesse. Une grande stature sans proportion, beaucoup de chair et peu d'os, la tension des muscles, une contenance mal assurée, une peau lâche, les contours du front et du nez arrondis, émoussés, et sur-tout creusés; un petit nez et de petites narines, le menton court et rentrant, un long cou cylindrique, le mouvement ou fort rapide ou fort lent; mais, dans l'un et l'autre cas point de démarche ferme; le regard sombre, les paupières abattues, la bouche béante, les dents longues, jaunâtres, ou verdâtres; une mâchoire alongée, avec une emboîture près de l'oreille; la chair blanche, une chevelure blonde, douce et longue; la voix claire, etc.

Tom. 8. Pl. 5a.

DEUX PROFILS.

1. Quand vous n'auriez aucune connaissance physiognomonique, vous ne laisseriez pas d'apercevoir dans ce profil la force d'un Hercule. Ce front, si peu reculé, accompagné d'un aussi grand sinus, la largeur de la tête, la grosseur de la nuque, l'épaisseur de la barbe, tout porte la même empreinte. Mais ce n'est pas la force seule qui distingue cette tête; il s'y mêle une paresse voluptueuse, et celle-ci reparaît plus particulièrement dans le contour du front et dans l'arc de ce nez rabattu. L'œil, la bouche fermée et le menton, indiquent même le raffinement de la volupté. Pour caractériser une force triomphante, une énergie toujours active, un homme qui vient à bout de tout ce qu'il veut, le visage et sur-tout le front, devraient être plus carrés.

2. Voici un profil dont l'air et l'humeur n'ont rien de martial, et dont la coupe heureuse indique à tous égards un homme plein de finesse, de délicatesse et de réflexion : je le donne pour un penseur profond, qui excelle dans l'analyse, qui s'énonce bien et qui écrit élégamment. Comparez, je ne dis pas le front, les yeux, le nez et la bouche, seulement la chevelure. Dans le n° 1, tout annonce le caractère le plus violent; dans le n° 2 vous retrouvez la douce énergie du sentiment et de l'esprit.

FORCE.

Visage d'airain d'une autre espèce que le n° 1 de la page précédente. Il a de plus grandes dispositions ; le front dénote plus de sagesse et plus de fermeté, l'arc des sourcils une dureté inexorable. Les yeux expriment au plus haut degré l'habitude de la colère. Le nez est encore trop comprimé vers la racine ; ce défaut diminue l'expression de la force, et ajoute à celle des passions. A cela près, cette partie est moins énergique et moins sensée que dans l'autre tête ; mais la bouche est d'autant plus mâle et plus éloquente. La chevelure peut servir d'emblême à une force invincible, mais le dessin en est tellement exagéré qu'il insulte la nature.

Tom. 8. Pl. 512.

PHYSIONOMIES DES TEMPÉRAMENS.

Voici une de ces têtes carrées dont nous venons de parler. Elle serait l'image complète de la force, si le nez était un peu plus large. C'est un visage d'airain; vous y voyez un courage mâle et un bel ensemble. Un homme comme celui-ci est non seulement inébranlable lui-même, mais il est encore capable d'entraîner et d'écraser tout ce qui lui résiste. D'un autre côté, il ne manque pas d'un certain fonds de bonté; il ne provoquera jamais personne, et se contentera de repousser les attaques qu'on lui porte. La véritable force sait user d'indulgence; elle méprise un ennemi impuissant et se joue d'une méchanceté insensée. Ici l'expression de l'énergie se retrouve parfaitement dans la chevelure et dans la barbe; le front a autant de sagesse que de solidité : il est moins productif que le précédent, mais il annonce un esprit plus profond, et qui ne laisse pas échapper aisément les objets qu'il a saisis.

MARS.

Cette force n'atteint pas celle de l'Hercule ; vous y remarquerez plus de rudesse, plus de férocité, et moins de précision. Je l'appellerais une force indestructible, qui se porte aux dernières violences une fois qu'elle est irritée.

Comparé au front des deux Hercules qui précèdent, ce front est moins productif que le premier ; il n'a pas non plus la sagesse du second. Quelque élevé et quelque osseux qu'il soit, il ne logera jamais qu'un esprit opiniâtre, borné, incapable d'embrasser les choses dans toute leur étendue. Les sourcils n'annoncent ni jugement, ni réflexion ; tout au plus une chaleur passionnée, qui se change facilement et souvent en fureur insensée; cette expression est encore renforcée par la manière dont les sourcils s'affaissent. Le nez est ridiculement comprimé vers sa racine ; plein de sens d'ailleurs, il promet un caractère fécond, mais toujours extrêmement irritable. L'œil est moins farouche que le sourcil et moins énergique que le front. La bouche porte l'empreinte d'une malignité d'un genre singulier ; elle offre le mélange d'une bonté qui avoisine la folie, et d'une causticité qui excède les bornes de la méchanceté. Le menton et le cou sont d'une roideur inflexible. La chevelure ne convient point à ce visage d'airain, et ne s'accorde guère qu'avec le regard ; mais l'extrême précision de l'oreille retrace en plein le caractère du front, du menton et du cou.

Tom. 8. Pl. 514.

SUPPLÉMENT

OU

CONSIDÉRATIONS PHILOSOPHIQUES ET MÉDICALES

SUR

LES TEMPÉRAMENS,

Par L. J. Moreau (de la Sarthe), docteur en Médecine.

Un médecin philosophe, Zimmermann, a défini le tempérament un mode de constitution physique, suivant lequel chaque malade sent et juge sa maladie. Cette définition s'applique très-bien à l'homme malade, qui en effet révèle le mode d'organisation qui lui est propre, et laisse paraître, sans aucune obscurité, son tempérament dans la marche, le caractère de sa maladie, la force ou le nombre de ses plaintes, le sentiment et le jugement de ses douleurs.

Considéré d'une manière plus générale, le mot tempérament s'emploie pour indiquer des différences constitutionnelles ou organiques que l'on remarque parmi les hommes, et dont l'expression et l'influence sont bien marquées, non seulement dans les apparences extérieures du corps, mais dans la manière de sentir, la marche ou la nature des maladies, le caractère de l'esprit, des penchans ou des passions.

Le tempérament est ordinairement compatible avec le maintien de la santé ; mais souvent il suffit qu'il se développe et augmente par des habitudes et des dispositions acquises, pour devenir une cause éloignée de maladie.

C'est une vérité importante et bien développée dans l'article précédent, que le tempérament et la constitution physique de chaque individu ne sont pas seulement indiqués par la couleur du visage, sa maigreur ou son embonpoint, la sécheresse ou la plénitude des formes, mais aussi par les diversités dans les contours et les lignes physionomiques. En effet, les variétés physiques de l'homme ont, comme ses différences morales, leurs chiffres, leurs traits indicateurs, que l'habitude d'observer fait aisément reconnaître, et qui dépendent d'une liaison intime entre les diversités intérieures de l'organisation et la physionomie. La couleur, dans plusieurs cas, ne fournit pas même des indications aussi sûres que ces lignes et ces traits du visage, dont l'expression nous a souvent frappés, qui paraissent révéler le degré de sensibilité ou d'irritabilité de chaque individu, sa force ou sa faiblesse, son élasticité ou sa roideur, sa puissance d'action et de réaction, d'attaque ou de résistance, en un mot, sa température vitale et la nature de son organisation.

Toutes ces circonstances, que l'état de la physionomie annonce, et que, dans le commerce de la société, nous apprenons à reconnaître avec plus ou moins d'exactitude, sont les traits principaux du tempérament, ou en dépendent. Plus on comparera l'homme à l'homme, et plus on fera d'observations de ce genre ; plus on remarquera que la nature a mis entre les individus, des différences extérieures qui correspondent avec la marche des maladies, la direction des penchans, le genre des habitudes et la tournure des idées. Un ensemble, une série, un enchaînement de ces différences, constituent pour chaque individu son tempérament propre et particulier.

Les diversités de tempéramens sont des causes naturelles et organiques d'inégalité parmi les hommes ; mais, à son tour, l'inégalité parmi les hommes devient une cause qui multiplie les variétés de l'organisation. En effet, la diversité des conditions, des métiers, des habitudes, développe inégalement les organes, fortifie les uns, affaiblit les autres ou les altère; détermine des tempéramens acquis, ou même des dégénérescences constitutionnelles.

Ces différens états, les prédispositions et les aptitudes de toute espèce, le germe des maladies et des passions se transmettent par héritage, et passent de génération en génération avec le flambeau de la vie.

C'est un retour continu, une circulation active de l'effet à la cause et de la cause à l'effet. Il ne faut pas alors être étonné que, chez les peuples civilisés, les différences et les variétés de la constitution humaine se soient multipliées de manière à en rendre l'étude détaillée extrêmement difficile.

Galien paraît avoir entrevu la difficulté d'un semblable genre de recherches lorsqu'il va jusqu'à assurer que la connaissance des tempéramens particuliers l'égalerait aux dieux ; ce que le savant médecin de Philippe II a dit plus tard, et presque de la même manière, en déclarant que la connaissance des variétés individuelles d'organisation demandait les lumières d'une nature angélique. Qui pourrait mieux que le médecin se livrer avec succès à de semblables recherches? il voit de près, disait Vicq-d'Azyr, les maux et les faiblesses de l'humanité. Le masque de l'hypocrisie et le voile même de la pudeur, sont tombés souvent en sa présence. Comment, avec une habitude aussi constante d'observation, le médecin n'arriverait-il pas à connaître l'humanité dans ses nuances et dans ses détails qui tiennent si directement à l'étude des tempéramens particuliers ? Ne réunit-il pas sans cesse sous un même point de vue, et pour le mieux voir, le moral et le physique de l'homme ? ne fait-il pas marcher de front l'observation des maladies et celle du cœur humain?

n'est-il pas conduit par son expérience à connaître l'homme par toutes ses faces, sous tous les rapports qu'il peut offrir, au milieu de circonstances qu'il importerait tant au philosophe de connaître, et dans lesquelles les secrets de l'ame les plus cachés, le ressort ignoré des actions, ou même quelques dispositions organiques, long-temps obscures et inaperçues, sont tout à coup révélés ?

Quelques médecins qui ont jeté en passant un coup d'œil sur la doctrine des tempéramens, ont pensé, en rejetant la division des anciens, qu'il fallait s'attacher exclusivement aux nuances individuelles de constitution, aux traits principaux des tempéramens particuliers (1). Cette remarque est juste; mais, pour se livrer, soit dans la pratique de la médecine, soit dans la société, à cette étude de détail, il importe d'avoir des termes de comparaison, une méthode de recherche et d'examen ; et c'est là ce que l'on s'efforce de faire dans une classification et une théorie quelconque des tempéramens.

Dans l'état actuel des connaissances, l'analyse physiologique peut donner de grands avantages pour des recherches de ce genre; et conduire sur-tout dans le choix des termes de comparaison et des dispositions

---

(1) *Zimmermann*, dans ce qu'il a dit des tempéramens, n'a eu égard qu'aux tempéramens particuliers, et n'a point cherché à rapporter à des types principaux de constitution les diversités d'organisme dont il parle, et dont il n'a considéré les signes que dans les différentes manières de supporter et de juger les maladies.

Clerc, dans l'Histoire de l'homme malade, semble également vouloir réduire l'étude des tempéramens à des observations isolées sur les différences constitutionnelles que l'on remarque parmi les hommes. Barthès va plus loin, et déclare positivement que le tempérament individuel de chaque homme, qu'on appelle *idiosyncrasie*, est le principal objet des recherches du médecin, et donne pour le découvrir, une méthode de recherches qui mérite d'être prise en considération dans la pratique de la médecine. (*Voyez* Science de l'homme, 2ᵉ édit., IIᵉ vol., page 229.)

auxquelles on peut rapporter d'une manière approximative les variétés constitutionnelles que l'on observe parmi les hommes.

Ces termes de comparaison, ces types d'organisation humaine, ne doivent pas se rapporter à des dispositions peu importantes, mais à des circonstances essentielles de vitalité, à des organes principaux, et comprenant dans leur sphère d'activité et d'influence un long enchaînement de propriétés caractéristiques. Cette circonstance essentielle d'organisation une fois indiquée, l'induction développe et déroule en quelque sorte tous les effets secondaires qui en dépendent, et qui en sont pour le médecin philosophe des conséquences nécessaires ; c'est la méthode suivie par Buffon pour déterminer la nature d'une classe ou d'un genre d'animaux. Ce savant naturaliste a bien senti que pour rattacher cette nature d'une division quelconque d'animaux à un petit nombre de faits, il fallait en quelque sorte prendre l'organisation pièce à pièce, en comparer les différentes parties, les degrés de leur importance et de leur développement, et démêler de cette manière parmi plusieurs caractères la disposition qui paraît avoir une influence aussi puissante qu'étendue sur les penchans et les habitudes. (1)

Considérons d'après ces vues et cette méthode de recherches les principaux types de constitution physique auxquels on peut rapporter par approximation les tempéramens particuliers, et dont ces tempéramens sont le plus souvent des mélanges et des combinaisons. Les quatre types qui se présentent d'abord à notre examen sont les quatre tempéramens décrits par les anciens, et dont plusieurs des gravures de l'article précédent de LAVATER offrent la physionomie d'une manière frappante.

Ces quatre tempéramens, dont nous allons essayer de découvrir la

---

(1) *Voyez* BUFFON, Discours sur la nature des oiseaux.

circonstance essentielle, n'ont pas été tracés par les anciens d'après un idéal aussi éloigné de la nature que l'on pourrait le penser; et si on ne les rencontre pas toujours avec l'ensemble et la plénitude des caractères qu'on leur a supposés, on a souvent occasion d'observer des tempéramens particuliers ou des natures individuelles qui s'en rapprochent. La prédominance des différentes humeurs (1), que l'on a prise pour la circonstance essentielle de chacun de ces quatre tempéramens principaux, est mal choisie, et la nomenclature qui lui correspond inexacte : la quantité plus ou moins considérable de l'un des fluides du corps humain ne pouvant jamais être regardée que comme une disposition secondaire et subordonnée aux propriétés vitales. (2)

Les tempéramens appelés sanguin et bilieux sont tous les deux des tempéramens sanguins, les artères et les veines étant même plus développées dans la circonstance du tempérament bilieux, comme Stalh l'a remarqué. Nous appellerons l'un de ces tempéramens sanguin-artériel, c'est le sanguin des anciens; l'autre le tempérament sanguin-veineux (le tempérament bilieux).

La circonstance essentielle du tempérament sanguin-artériel consiste dans le développement très-marqué des vaisseaux capillaires extérieurs, et la grande activité de forces vitales au debors, où elles sont favorisées par la souplesse du tissu cellulaire et la susceptibilité des extrémités nerveuses : circonstance qui rend les sensations externes plus vives, plus promptes, et qui donne une prépondérance remarquable à la vie de relation.

---

(1) Le sang, la bile, la pituite et la prétendue humeur mélancolique.
(2) BARTHÈS, Op. C., vol. 2, page 229.
HALLÉ, Mém. de la Soc. méd., an 7, page 346.
CABANIS, Rapports du physique et du moral de l'homme, 2e édit., vol. 1, p. 464, note.

Les personnes qui se rapprochent de cette disposition ont en général des poumons actifs et développés, les narines très-ouvertes, une physionomie aimable, beaucoup d'expansion et de franchise dans les traits du visage, la taille moyenne, des membres bien proportionnés, un teint fleuri, les yeux animés, la peau très-vivante, souvent *haliteuse*, et très-disposée à des augmentations de transpiration ou à des sueurs qui deviennent critiques dans plusieurs maladies.

Tous les phénomènes extérieurs de la vie s'exécutent avec une sorte d'éclat dans la circonstance d'un tempérament sanguin-artériel; l'exercice de toutes les fonctions est facile, et l'organisation paraît propre à se monter à tous les tons, à prendre toutes les formes, à se prêter aux mouvemens et aux directions les plus variées; l'intelligence est plus remarquable d'ailleurs par sa facilité, sa promptitude, que par sa profondeur et son étendue; les maladies, les penchans, ont beaucoup de véhémence. On trouve plus souvent parmi les femmes que parmi les hommes des dispositions organiques qui se rapprochent du tempérament sanguin-artériel. Suivant la remarque de M. le professeur Pinel, l'expression de ce tempérament se retrouve, avec l'ensemble de tous ses caractères, dans le portrait de Marc-Antoine, tracé par Plutarque.

Lorsque le réseau des vaisseaux capillaires sous-cutanés du visage est seul très-développé chez quelque personne, le tempérament sanguin-artériel peut n'être alors qu'apparent, et semblable disposition partielle n'est pas incompatible avec tout autre tempérament. Il faut aussi se garder de confondre le tempérament artériel-sanguin avec la plénitude sanguine, qui n'est jamais un état habituel, mais une situation accidentelle, passagère, dépendante d'un accroissement morbifique de propriétés vitales dans l'ensemble ou dans quelques régions du système sanguin : exaltation ordinairement provoquée par le genre de vie, et liée d'ailleurs à divers états d'organisation, tels que la puberté, la menstruation, la grossesse.

M. Cabanis a très-bien vu que l'épanouissement des extrémités nerveuses sur des membranes souples, au milieu d'un tissu cellulaire modérément humide, devait être remarqué dans le tempérament sanguin-artériel, et que cette circonstance répondait à la vivacité, à la rapidité des impressions, à leur variété et à leur défaut de profondeur.

La circonstance essentielle du tempérament sanguin-veineux et hépatique nous paraît consister dans la prédominance de l'appareil veineux, sur-tout à la région du foie, dans le développement plus considérable de ce viscère, et une élévation sensible de vitalité de tous les organes intérieurs.

Chez toutes les personnes qui se rapprochent le plus de ce tempérament, la vie est plus en dedans, disposition opposée à la condition essentielle du tempérament sanguin; les sécrétions intérieures, telles que celle de la bile, de la semence, du suc gastrique, des urines, sont plus abondantes ou plus odorantes, et plus colorées. Les apparences extérieures se lient sensiblement à ces dispositions internes, et servent à leur expression. L'habitude du corps est sèche et maigre, les formes saillantes et un peu dures; les yeux sont étincelans, les cheveux noirs, les veines très-prononcées. Les hommes dont la constitution a quelque analogie avec l'idéal du tempérament sanguin-veineux suivent ordinairement la carrière de l'ambition et des sciences; ils sont sublimes ou dangereux, et quelquefois dangereux et sublimes; ils développent de grands talens ou s'abandonnent aux grands crimes; leurs sensations ont toujours quelque chose de violent; leurs gestes, leurs mouvemens et leurs actions ont en général quelque chose de brusque et d'impétueux. (1)

---

(1) Cabanis, Op. C., vol. 1, page 451.

PHYSIONOMIES DES TEMPÉRAMENS.

Suivant une observation de M. Hallé, que nous croyons devoir rappeler, le système lymphatique est moins développé que le sanguin dans le tempérament que nous venons de décrire.

Le développement de ce même système lymphatique, ou du moins son volume plus considérable par une suite de son inertie et d'un défaut de réaction assez vive sur les liquides qu'il contient, forme la circonstance principale du tempérament appelé flegmatique ou pituiteux, et qu'il convient mieux d'appeler tempérament lymphatique. Les caractères de ce tempérament sont une complexion molle et humide, une peau un peu étiolée, de l'embonpoint sans fraîcheur; des cheveux mous et blonds; un excès bien marqué de parties liquides; la lenteur, la faiblesse du pouls; des sécrétions intérieures et extérieures peu actives; des mouvemens tardifs, mesurés; une physionomie insignifiante, sans mobilité; des appétits, des penchans, des sensations, des passions sans énergie.

Le tempérament mélancolique, dont nous ne changerons pas la dénomination, reconnaît pour condition essentielle un état de constriction, de gêne dans les viscères du ventre, principalement dans le foie, la rate, l'estomac, qui, réagissant avec force sur le cerveau, donnent lieu à une grande persévérance d'impression, à une tournure constante et triste dans les idées, et à une grande variété de perceptions mensongères qui changent les rapports naturels des choses avec la sensibilité, et disposent souvent à l'hypocondrerie et à d'autres genres d'aliénation mentale. Dans ce mode de tempérament, comme dans le tempérament sanguin-veineux, la vie est beaucoup plus en dedans, mais avec cette différence qu'elle paraît se concentrer plus particulièrement sur quelques viscères dont la réaction modifie d'une manière notable les phénomènes de la pensée et du sentiment.

L'homme d'un tempérament mélancolique bien décidé a une physionomie triste et composée, le visage pâle, les yeux enfoncés et plein d'un feu sombre, les cheveux noirs et plats, la taille haute, mais grêle ; les extrémités longues, le pouls petit et serré, tous les mouvemens pénibles, la démarche étudiée.

Le caractère moral est une suite nécessaire de ces dispositions ; il est triste, un peu sauvage, porté à l'exaltation sentimentale ou à la misantropie. M. Cabanis a très-bien remarqué que chez tout mélancolique les désirs amoureux prendront plutôt le caractère de la passion que celui du besoin ; que ces désirs, qui sont toujours pour le mélancolique une affaire très-sérieuse, peuvent prendre chez lui mille formes diverses qui les dénaturent, et devenir entièrement méconnaissables pour des yeux qui ne sont pas habitués à le suivre dans ses métamorphoses. Le regard de l'observateur n'y est pas trompé ; il reconnaît cette sensibilité amoureuse dans l'austérité d'une morale excessive, dans les extases de la superstition, dans les maladies extraordinaires qui constituaient autrefois certains individus de l'un et de l'autre sexe, prophètes, augures ou pythonisses ; il le retrouve dans les idées et les penchans qui paraissent le plus étrangers à ses impulsions primitives ; il le signale jusque dans les privations superstitieuses et sentimentales les plus contraires à la nature et à la raison (1). La réaction nerveuse de la matrice contribue souvent beaucoup, chez les femmes, au développement du tempérament mélancolique, et Diderot a eu raison de dire que la femme hystérique dans sa jeunesse se fait dévote dans l'âge avancé ; que la femme à qui il reste quelque énergie dans l'âge avancé, était hystérique dans sa jeunesse.

On pourrait désigner les quatre tempéramens que nous venons de décrire

---

(1) *Voyez* CABANIS, Op. C., vol. 1, page 463.

sous le titre de tempéramens à physionomie. Leurs caractères extérieurs se manifestent, soit dans le repos de tous les traits du visage, soit dans une situation vive et animée. Dans ce dernier cas, la manière d'être excité, les gestes, le degré d'émotion, peuvent être regardés comme des caractères du tempérament. C'est ce que l'on a voulu rendre par la gravure ci-jointe, dans laquelle quatre personnages de tempérament différent voient ensemble une esquisse du tableau de Calas, avec des degrés de sensibilité qui répondent à leurs complexion physique. Le personnage d'un tempérament sanguin-artériel, que toutes les sensations extérieures émeuvent facilement, est le plus sensiblement touché, et laisse couler des larmes; le mélancolique concentre son émotion; le personnage au tempérament sanguin-veineux est plus irrité qu'attendri; et le flegmatique, à peine ébranlé, ne prend qu'une bien petite part à l'événement pathétique dont il contemple le tableau.

Un autre tempérament non moins facile à reconnaître par sa physionomie que les précédens, dépend du volume très-considérable et de la grande énergie des muscles : on dirait, chez les hommes de ce tempérament athlétique ou musculaire, que la vie toute entière a été employée à faire des organes du mouvement. La tête est petite, le cou gros et fort, sur-tout en arrière; les épaules, la poitrine, très-larges, les hanches solides. Dans ce mode de constitution physique, les muscles fortement dessinés sous la peau forment en grande partie l'extérieur du corps.

La statue de l'Hercule Farnèse offre un modèle accompli du tempérament athlétique. Les individus qui s'en rapprochent le plus ont en général très-peu d'esprit, des sentimens sans élévation, une existence morale très-bornée, les muscles ayant en quelque sorte usurpé la portion de vie qui était destinée aux organes des sens et de la pensée.

Le tempérament musculaire un peu moins exagéré et combiné avec le tempérament sanguin-artériel, forme une constitution mixte dont les modèles sont assez communs, et qui doit être comptée parmi les tempéramens à physionomie. Il faut aussi rapporter à la même classe la combinaison du tempérament musculaire avec le sanguin-veineux, et celle du même tempérament avec le lymphatique qui se rapproche du mode de constitution physique attribué par Tacite aux anciens habitans de la Germanie.

On peut encore placer parmi les tempéramens à physionomie celui dont la circonstance essentielle consiste dans une grande énergie du système musculaire, indépendamment du volume de ce système, et seulement par la réaction vive et énergique du système nerveux sur les muscles. On pourrait sans doute, par des observations bien faites, indiquer un plus grand nombre de types d'organisation qui se rapportent à la classe des tempéramens à physionomie. Nous nous bornerons à ceux qui viennent d'être indiqués, et nous terminerons ces remarques par quelques réflexions générales sur les tempéramens moins exprimés, et dépendant de dispositions intérieures qui modifient profondément l'organisation sans s'annoncer bien sensiblement par le jeu de la physionomie.

L'organisme humain, qui est très-composé, résulte de l'assemblage et de l'harmonie d'un grand nombre d'organes chargés de fonctions particulières, remplissant l'emploi qui leur est propre, agissant en outre ou réagissant les uns sur les autres, et exécutant, par un commerce actif de mouvemens et de sentimens, le brillant phénomène de la vie. La sphère d'action de chacun de ces organes, sur laquelle Bordeu a présenté des vues si neuves et si fécondes, n'a pas la même étendue et la même importance : les uns, comme le cœur, le cerveau, le poumon, l'estomac, l'utérus, règnent à une grande distance, ont un vaste empire, embrassent dans leur département toutes les parties de l'organisme; d'autres sont plus bornés dans leur influence et leurs rapports. Mais ces actions, ces réactions, sont très-variables dans les différens individus; elles peuvent augmenter ou diminuer, se fortifier ou s'affaiblir, et former par leur ascendant le caractère principal du tempérament : ainsi, on se fait très-bien l'idée d'un tempérament cérébral, gastrique, génital, utérin, etc. Les exemples de ces tempéramens partiels sont même beaucoup plus nombreux que ceux des tempéramens généraux et à physionomie. Telle personne, par exemple, vit plus particulièrement sous l'empire du système nerveux, dans la sphère de l'esprit et du sentiment, au milieu du trouble et des orages des passions; chez d'autres, les muscles l'emportent sur l'organe de la pensée; l'appareil des vaisseaux sanguins, soit artériels, soit veineux, domine; les vaisseaux lymphatiques ont plus de volume, tel homme vit sous l'empire du foie, cet autre sous l'empire de l'estomac ou des organes de la génération.

L'éducation, les professions, les habitudes, toutes les causes d'inégalité dans la distribution des forces organiques, rendues inévitables par les progrès de l'art social, contribuent ordinairement à ces différences constitutionnelles, et souvent en font naître quelques-unes ; mais quelquefois aussi plusieurs de ces variétés dépendent directement et seulement de la nature. Bordeu dit avoir connu trois jeunes satyres pubères à l'âge de dix à onze ans, tous prêts à la génération à cet âge, et avec une crue si considérable de ce côté, que l'action de l'ame en était restée en arrière.

Chez d'autres personnes, on a vu également, et par une disposition primitive et originelle, certains organes, tels que le cerveau, le foie, l'estomac, avoir une sphère d'action extraordinaire, dominer, envahir en quelque sorte l'organisation. Dans d'autres circonstances, ce n'est pas la force, la prédominance d'un organe qui fait le trait principal du tempérament, ce sont sa faiblesse, sa mobilité nerveuse, son extrême susceptibilité. La maladie commence ordinairement par ces parties plus faibles, par ces points de moindre résistance. La destruction seule les atteint les premières, fait ensuite des progrès plus ou moins rapides, suivant l'importance de l'organe faible, et quelquefois un organe plus fort survit assez long-temps pendant ces morts partielles et successives, au point de demeurer un instant vivant et sain au milieu des ruines qui l'environnent et le pressent de toutes parts.

Les effets pénibles des passions, et sur-tout les crises des maladies, se dirigeant plus particulièrement vers ces parties plus faibles, en rendent la considération extrêmement importante dans la pratique de la médecine. (1)

Différens élémens organisés, qui forment, avec les vaisseaux sanguins et lymphatiques, la trame de la totalité ou d'une grande partie des différens organes, présentent dans leurs divers états des particularités importantes à remarquer dans des considérations médicales et philosophiques sur les tempéramens.

Tels sont les tissus ou systèmes nerveux, cellulaire et membraneux.

La mobilité et la sensibilité qui dépendent du système nerveux sont deux états dont les modifications nombreuses forment sur-tout des circonstances essentielles de tempérament particulier ou de nature individuelle.

La prédominance du système nerveux dans l'exercice de la mobilité, donne lieu, si d'ailleurs l'organisation est délicate et faible, à une complexion dite nerveuse ou vaporeuse qui ne peut guère passer certaines limites dans son développement sans occasionner souffrance et maladie.

---

(1) Hippocrate observa que, dans une toux épidémique, chez les personnes qui, avant l'invasion de la maladie, avaient eu quelque indisposition aux pieds, aux mains, aux organes de la voix, la maladie portait dans sa terminaison vers ces parties. Zimmermann, Baillou, ont fait beaucoup d'observations semblables.

La maigreur, la sécheresse des formes, manquent rarement de devenir la suite, le signe d'une semblable constitution. Cette même prédominance, dans une bonne organisation, constitue le tempérament que l'on pourrait appeler mobile ou italien. La disposition opposée, ou la lenteur extrême des réactions du système nerveux sur les muscles, s'annonce par le volume des formes, l'empâtement, les congestions lymphatiques, le relâchement du tissu cellulaire, et ce qu'on appelle la *mauvaise graisse*. Entre ces deux extrêmes se trouvent une foule de dispositions intermédiaires.

Le système nerveux, considéré comme organe de sensibilité, pour les impressions internes et externes, n'est pas moins susceptible de modifications et de variétés constitutionnelles, que Zimmermann a eu principalement en vue dans ses Remarques sur les différentes matières dont les malades sentent et jugent leurs maladies, considérées comme signes de tempérament.

La susceptibilité modérée, à laquelle tous les autres états peuvent être rapportés comme à un terme de comparaison, se reconnaît à des impressions, des jugemens, des volontés, réguliers, et d'accord avec les propriétés générales de leurs objets et la nature des choses. L'apathie est l'extrême en deçà de ce terme, et la susceptibilité, exagérée ou exaltée par des causes physiques ou morales, l'extrême au-delà, le dernier degré de l'échelle de la sensibilité.

Chez les personnes caractérisées par cette susceptibilité exagérée, toutes les sensations internes ou externes sont beaucoup plus vives; les sens, et principalement ceux de l'odorat et du toucher, ont une sensibilité exquise; les médicamens agissent à des doses beaucoup plus petites : quelques-uns, comme l'opium, le quinquina, le camphre, l'éther, produisent des effets extraordinaires. Des douleurs vives, des spasmes, sont occasionnés par des causes légères en apparence, et la marche des maladies est souvent troublée par des accidens et des complications plus rares, et toujours graves dans le cas d'une constitution plus forte.

La combinaison d'une susceptibilité et d'une mobilité extrêmes avec une constitution lymphatique, produit un tempérament mixte, remarquable par une irritabilité et une sensibilité exagérées : ce qui s'observe plus souvent chez les femmes et chez les enfans.

On conçoit d'ailleurs toutes les autres combinaisons qui peuvent avoir lieu entre la susceptibilité nerveuse, la mobilité et les autres dispositions organiques auxquelles on rapporte les différens tempéramens.

Il importe d'ailleurs de faire entrer dans la comparaison des différentes modifications constitutionnelles du système nerveux la succession plus ou moins rapide des impressions, l'aptitude à être affecté plus particulièrement par certaines causes d'irritation, la résistance originelle ou acquise à l'effet de quelques poisons ou de quelques médicamens; ces caprices nombreux de la sensibilité; ces aversions, ces sympathies extraordinaires que l'on appelle des *idiosyncrasies* (1), et ces idées

---

(1) Ces caprices, auxquels Zimmermann a donné une grande attention, sont des espèces de lésions ou de perversions de la sensibilité. Tantôt c'est l'impossibilité de faire usage d'un aliment d'ailleurs très-sain, ou d'un médicament d'un usage général, d'entendre certains bruits, de sentir certaines odeurs, etc.

Lambert, célèbre mathématicien, ne pouvait supporter l'haleine de personne. Le café est un vomitif pour quelques individus. Zimmermann, qui a rassemblé un grand nombre de faits de ce genre, cite l'exemple d'un homme de beaucoup d'esprit qui éprouvait des douleurs inouies toutes les fois qu'il se coupait les ongles. La fameuse Mlle Arnould ne pouvait entrer dans un appartement où il y avait un chat. Un de ses amans, voulant savoir un jour si cette antipathie était réelle, ou si elle n'était pas un caprice de l'imagination ou une bizarrerie de l'esprit, l'invita à une fête, et la reçut dans un salon rempli d'une nombreuse société, et où on avait caché un chat. A peine Mlle Arnould fut-elle entrée dans l'appartement, qu'elle faillit s'évanouir. Elle dit qu'on l'avait trompée, et déclara qu'elle allait fuir si on ne faisait retirer l'animal dont le voisinage lui était insoutenable.

dominantes chez quelques individus, ces impulsions impérieuses, souvent irrésistibles, qui les entraînent, et dont la cause, mieux connue, nous donnerait dans bien des circonstances, le secret des crimes ou des vertus de certains personnages historiques, qui, vus de cette manière, ne méritent guère mieux, peut-être, la haine ou le mépris, que la reconnaissance ou l'admiration.

Les membranes muqueuses, dont Bichat a si bien démontré l'identité de structure et de fonction dans toute l'organisation; ces membranes dont l'ensemble peut être considéré comme une peau intérieure, présentent, ainsi que les élémens organisés que nous venons d'examiner, un grand nombre de différences constitutionnelles qui, dans plusieurs cas, forment le trait principal des tempéramens particuliers.

Leur prédominance générale, ordinairement plus marquée aux régions de la poitrine, du larynx et des fosses nasales, constitue un véritable tempérament pituiteux, annoncé par la fréquence des catarrhes, et une sécrétion habituellement abondante de *mucus* que l'on remarque chez les personnes qui toussent, mouchent et crachent beaucoup plus que les autres. La vieillesse, l'enfance, sont des circonstances qui favorisent le développement du tempérament catarrhal. La fièvre muqueuse, le croup, sont des maladies auxquelles ce même tempérament dispose.

Le tempérament catarrhal est une disposition de l'organisation humaine beaucoup plus commune chez les modernes que chez les anciens; ce qu'il faut attribuer, non à une dégénérescence de l'espèce, mais à une distribution différente des forces vitales, sans cesse appelées et excitées sur les différens points des membranes muqueuses par l'usage des mouchoirs, l'habitude de fumer, de prendre du tabac, et l'application continuelle d'un grand nombre de stimulans, aromatiques, amers, spiritueux, à la surface de l'estomac et des intestins. La surface de la vessie se trouve en outre, dans beaucoup de cas, indirectement excitée pour suppléer aux fonctions de la peau, qu'aujourd'hui l'usage du linge et beaucoup d'autres causes rendent plus oisive et moins vivante que chez les peuples de l'antiquité. (1)

Le système cellulaire, auquel peut-être on n'a pas fait assez d'attention dans la considération des tempéramens, fournit plusieurs traits constitutionnels assez remarquables : telles sont la faiblesse et la susceptibilité de quelques-unes de ses régions, qui expliquent jusqu'à un certain point l'espèce d'élection ou de choix de lieu des abcès ou des dépôts critiques dans les maladies ; l'exubérance active, la turgescence vitale du même tissu à l'époque de la puberté chez les femmes ; la disposition de ce même tissu à se charger d'une quantité considérable de graisse, chez quelques individus, ou même, dans des variétés particulières de l'espèce humaine, la disposition opposée, soit générale, soit partielle, etc. etc.

On ne peut attacher trop d'importance à toutes ces diversités et à celles que les régions différentes des autres systèmes d'organes présentent dans les tempéramens individuels, dont souvent elles sont la circonstance essentielle, au moins pour le médecin.

Ainsi, plusieurs dispositions partielles des membranes muqueuses jouent souvent le premier rôle dans les maladies dont elles déterminent le caractère, comme on le voit dans les épidémies catarrhales, pendant lesquelles les uns ont des rhumes, des fosses nasales, des maux d'oreilles, des catarrhes pulmonaires, des dyssenteries ; maladies analogues, et qui ne diffèrent que par leur siége et leur degré comparable d'intensité. Les

---

(1) Cette considération relative au parallèle de la constitution physique des peuples anciens et des peuples modernes n'a, je pense, jamais été présentée. Je la crois importante, et je me propose de la développer dans un travail sur la physique de l'histoire, considérée dans ses rapports avec les sciences morales et politiques, et pour servir d'introduction à l'étude de l'histoire proprement dite.

muscles, les os, offrent également des variétés très-remarquables dans différentes régions. On voit des constitutions athlétiques incomplètes et partielles, soit acquises, soit primitives. La maigreur des extrémités inférieures distingue plusieurs sauvages, et principalement ceux de la Nouvelle Hollande.

Le système sanguin n'est pas moins variable dans ses différentes régions, et l'on voit même souvent chez un seul individu plusieurs de ces variations, suivant les âges : ce qui donne successivement lieu aux hémorragies nasales, aux hémoptysies, aux hémorroïdes et aux apoplexies.

L'énergie partielle et les prédominances locales ne sont pas aussi prononcées dans le système lymphatique : cependant on en trouve quelques marques dans les phénomènes des maladies de ce système que l'on voit se porter plus particulièrement sur certaines régions ; ce qui arrive ordinairement dans des cas où le tempérament dégénère en une constitution morbifique.

L'action nerveuse exerce une grande influence sur tous ces mouvemens partiels de la vie, et forme en outre, par sa concentration ou ses aberrations dans différentes parties, plusieurs variétés qui se manifestent par des appétits plus ou moins bizarres, des goûts particuliers, ou des antipathies de l'estomac, des organes sexuels, des organes des sens, etc.

Nous terminerons ici les remarques sur ces tempéramens, auxquelles il serait possible de donner beaucoup plus d'étendue, et sur-tout plus d'intérêt. Nous aurions désiré les présenter d'une manière plus rapide, plus générale ; ne montrer, pour ainsi dire, que les sommités du sujet, ou du moins ses points de vue les plus agréables et les plus accessibles ; mais nous nous sommes trouvés entraînés au-delà de ce but, et on sentira aisément qu'il nous était bien difficile de garder une juste mesure dans l'étendue ou la profondeur d'un genre d'études, où, malgré les utiles observations de nos prédécesseurs, nous avons été sans cesse obligés de joindre nos aperçus à leurs importantes remarques, sans d'ailleurs épuiser un sujet qu'il faut toujours chercher à éclairer par une application des données physiologiques et des observations médicales, dirigée par la philosophie, et jointe à une étude approfondie et expérimentale du cœur humain.

III.

DE LA RESSEMBLANCE ENTRE LES PARENS ET LES ENFANS, ET DE QUELQUES VARIÉTÉS REMARQUABLES DANS LA FORME DES CORPS HUMAINS.

> Fit quoque ut interdum similes existere avorum
> Possint et referant proavorum sæpe figuras,
> Proptereà, quia multimodis primordia multis
> Mixta suo celant in corpore sæpe parentes
> Quæ patribus patres tradunt à stirpe profecta.
> Indè Venus varias producit scite figuras,
> Majorumque refert vultus, vocesque, comasque,
> Quandoquidem nihilomagis hæc de semine certo
> Fiunt, quàm facies et corpora, membraque nobis.
> LUCRETIUS.

Tout le monde admet une ressemblance entre les parens et les enfans, et chacun de nous en a vu cent exemples.

Les physionomies de famille sont aussi réelles que les physionomies nationales. Nier le fait, ce serait nier ce qu'il y a de plus évident; prétendre l'expliquer en plein, ce serait vouloir pénétrer les mystères incompréhensibles de la nature. Mais, quoique la conformité physionomique des parens avec leurs enfans ait été reconnue de tout temps, on a pourtant négligé jusqu'ici d'examiner les rapports qui se trouvent dans les familles entre les caractères et les traits du visage. Aucun auteur n'a traité, que je sache, cette matière à fond, et moi-même j'avoue que je n'y suis pas encore trop initié. En attendant, je rendrai compte des observations qu'elle m'a fournies.

Quelque borné, quelque stupide que soit le père, pourvu que la mère soit une femme sensée, les enfans auront de l'intelligence.

Le père est-il foncièrement bon, il transmettra à ses enfans son caractère, ou du moins beaucoup d'aptitude à le contracter.

Les garçons paraissent hériter de préférence du caractère moral du père, et des facultés intellectuelles de la mère. Les filles adoptent plus communément le caractère de la mère.

Pour bien démêler la ressemblance des enfans avec leurs parens, il faut commencer à l'étudier une ou deux heures après la naissance. C'est alors qu'on peut apercevoir avec justesse si la conformité de l'organisation primitive se rapporte plus particulièrement au père ou à la mère. Cette ressemblance originaire s'éclipse fort vîte la plupart du temps, et ne reparaît souvent qu'au bout de plusieurs années, quelquefois même seulement après la mort.

Si les enfans, à mesure qu'ils grandissent, continuent à ressembler visiblement et de plus en plus aux parens par la forme du visage et par la taille, on peut en inférer aussi une ressemblance progressive du caractère, car si, indépendamment de la conformité physique, il se manifestait une différence marquée au moral, elle proviendrait certainement d'une cause étrangère ou

VARIATIONS DU CORPS HUMAIN.

de quelques circonstances accessoires ; et il faudrait que celles-ci fussent prodigieusement prépondérantes pour ne pas être surmontées tôt ou tard par la ressemblance de la forme.

La constitution robuste du père ne détermine pas la forme de l'enfant, mais elle se communique au système osseux et au système musculaire. La complexion de la mère influe sur la forme du visage et sur le système nerveux, à moins que, par un effet de l'imagination et de l'amour, elle ne se soit trop fortement imprimé la physionomie du mari.

Il y a des enfans dont les formes de visage paraissent encore indécises, et dont on ne sait pas trop si la ressemblance se tournera du côté du père ou de la mère. Dans ces sortes de cas, la prédilection de l'un des parens, ou seulement l'habitude, sans compter une infinité de circonstances extérieures, suffit pour faire pencher la balance.

On voit aussi des enfans qui, après avoir ressemblé pendant un temps au père, quittent leurs premiers traits pour se rapprocher ensuite de l'image de la mère.

Nous n'entreprendrons pas d'expliquer les causes des phénomènes singuliers que le corps humain présente quelquefois au physicien ; mais il est permis au philosophe, il est même de son devoir, d'éclairer modestement les cas extraodinaires et rares, par l'analogie des exemples connus et fréquens ; quoique également difficiles à concevoir.

Nous savons avec certitude que les envies et toutes les singularités nombreuses qui sont de la même nature, ne dérive pas du père, mais uniquement de l'imagination de la mère. Bien plus, il est positif que les enfans ne ressemblent jamais davantage au père, que lorsque la mère joint à la vivacité de l'imagination, beaucoup d'amour ou beaucoup de crainte pour son mari. Il paraît donc que c'est proprement le père qui détermine l'étoffe et la quantité de force et de vie, et qu'il faut attribuer à l'imagination de la mère la sensibilité du système nerveux, la forme et l'air du visage.

Si, dans un certain moment décisif, l'imagination de la mère passe rapidement de la physionomie du père à la sienne propre, cette transition subite peut servir à indiquer comment il arrive qu'un enfant commence par avoir de l'affinité avec le père, et finit ensuite par ressembler davantage à la mère.

Il est des formes et des traits de visages qui se perpétuent de génération en génération; d'autres s'éteignent presque aussitôt. Les visages, ou très-beaux ou très-laids, ou plutôt les figures qui passent pour décidément belles ou laides, ne sont pas celles qui se transplantent le plus aisément; les physionomies médiocres ou insignifiantes durent tout aussi peu dans les mêmes familles; mais ce sont les formes de visage caractérisées qui passent souvent à la postérité la plus reculée.

Tel enfant a le nez grand et bien marqué, tandis que les parens auront de petits nez; mais l'inverse arrive d'autant plus rarement. Le père ou la mère ont-ils le nez fort et osseux, ce trait passera du moins à l'un des enfans, et ne sortira plus de la famille, sur-tout si c'est la lignée féminine qui en hérite : il pourra se déguiser pendant quelque temps, mais il reparaîtra tôt ou tard, ne fût-ce qu'un ou deux jours après la mort.

Lorsque la mère a des yeux vifs, on peut compter à peu près que les enfans auront son regard; car c'est le trait favori de la femme, celui dont elle s'occupe de préférence, celui dont elle aime à nourrir son imagination. D'ailleurs le sens physionomique s'attache jusqu'ici beaucoup plus aux yeux qu'au nez, ou à telle autre partie du visage. Si nos femmes s'avisent un jour d'étudier tous les traits de la physionomie avec autant d'attention qu'elles en donnent aujourd'hui à leur regard, ils se propageront aussi davantage dans les familles.

Les fronts raccourcis et voûtés se transmettent aisément, mais ils ne durent pas long-temps, et on peut leur appliquer l'apophtegme : *Quod citò sit, citò perit.*

C'est un fait également positif et inexplicable, que certaines physionomies frappantes ne se reproduisent presque pas : il y en a d'autres qui ne s'éteignent jamais.

Remarquez encore comme une chose infiniment singulière que souvent les physionomies très-caractéristiques du père ou de la mère se perdent dans la première génération, et reparaissent ensuite complètement dans la seconde.

Une preuve évidente combien l'imagination de la mère est active dans la procréation, c'est que les enfans du second lit ressemblent quelquefois au premier mari, du moins quant à l'air du visage. Mais il y a de l'extravagance à soutenir avec les Italiens que tout enfant qui ressemble parfaitement au mari est un enfant adultérin ; parce que, selon eux, la mère, dans le moment de sa faute, craint la possibilité d'une surprise, et s'occupe par cette raison de l'image de son époux. Si l'inquiétude d'une mère coupable pouvait influer sur l'enfant dans l'instant de la conception, celui-ci ne recevrait pas seulement la figure du mari absent, mais aussi l'impression de ses mouvemens de colère et de vengeance ; car, en supposant que le trouble de la femme infidèle soit réel, c'est le ressentiment de l'époux qu'elle doit redouter et se représenter plutôt que son image.

Les bâtards ressemblent ordinairement à l'un des parens beaucoup plus que les enfans légitimes.

Plus les parens s'aiment, plus leurs cœurs sont unis, leurs sentimens purs et intimes, leur tendresse mutuelle et volontaire, et plus les physionomies des enfans forment un heureux mélange de celles du père et de la mère. La réciprocité de l'amour, et l'intérêt qu'elle inspire, refluent naturellement sur l'imagination, et disposent la mère à communiquer la ressemblance de l'objet qui fait ses délices.

De tous les tempéramens, il n'en est aucun qui se propage plus aisément que le sanguin, et avec lui on hérite presque toujours de la légèreté, sa compagne ordinaire. Lorsqu'une fois cette mauvaise qualité a pris racine dans une famille, il faut des efforts soutenus et pénibles avant de l'extirper.

Le tempérament mélancolique du père devient souvent héréditaire par la seule crainte de la mère. Elle risque sur-tout de transmettre cette disposition à l'enfant, lorsque ses appréhensions la saisissent dans un instant décisif; le danger diminue quand la crainte est continuelle et réfléchie. C'est ainsi qu'on voit des femmes enceintes se tourmenter long-temps par l'idée qu'elles imprimeront à leur fruit quelque marque ou quelque difformité dont elles se retracent vaguement le souvenir, et ce sont précisément ces femmes-là qui mettent au monde les enfans les mieux constitués et les plus beaux; car leurs craintes, quoique réelles, n'en étaient pas moins sans fondement; elles n'étaient pas l'effet électrique d'une apparition inattendue, seule capable d'exciter une aversion subite.

Quand, par l'association de deux époux également colériques, cette espèce de tempérament s'est introduite dans une famille, il faut des siècles entiers pour la déloger. Il n'en est pas de même du flegmatique, les parens y fussent-ils disposés l'un et l'autre. La vie est entrecoupée de momens où l'homme le plus indolent doit rassembler toutes ses forces pour se mettre en activité : il agit alors avec une énergie extraordinaire, par la raison même qu'il exerce si rarement l'emploi de ses facultés dans toute leur étendue. Ces sortes de mouvemens, répétés de temps en temps, doivent nécessairement produire un effet durable, et tourner tôt ou tard en habitude.

Il est une vertu qu'on peut regarder comme inextinguible dans les familles qui la possèdent ; c'est l'amour du travail, le besoin d'agir; besoin heureux, qui est inhérent à certaines organisations. Elle dégénère difficilement, cette vertu, quand elle part de la souche commune d'un couple bien assorti, qui aime l'occupation, non pour satisfaire simplement aux nécessités de la vie, mais par instinct et par principes. Enfin, il serait d'autant plus surprenant de voir éteindre cette belle qualité dans tous les descendans, que les femmes laborieuses sont aussi toujours les mères les plus fécondes.

Ces questions ont occupé les physionomistes et les naturalistes les plus célèbres.

I.

On connaît la théorie, ou plutôt l'hypothèse de M. de Buffon sur la formation des corps. Voici comment Haller la présente en abrégé :

« Les deux sexes ont leur liqueur séminale qui est composée de molécules mouvantes dont la réunion forme le fœtus.

« Les molécules contiennent la ressemblance de toutes les parties du père et de la mère. La nature, en artiste habile, les a détachées des parties grossières et informes des sucs des parens, et les a modelées sur toutes les parties de leurs corps. De là proviennent la ressemblance des enfans avec leurs parens, le mélange des traits du père et de la mère dans le même enfant ; les taches des animaux quand on accouple un mâle et une femelle de couleur différentes ; l'état mitoyen des mulâtres, qui tient du blanc et du noir. Enfin, cette théorie explique plusieurs difficultés dont la théorie du développement n'offrirait qu'une solution imparfaite.

« Si l'on demande après cela comment il se peut que ces molécules suivent la structure interne du corps du père, tandis qu'elles devraient être tout au plus les empreintes de vaisseaux caverneux, M. de Buffon répond que nous ne connaissons pas toutes les forces de la nature ; qu'elle s'est réservé exclusivement l'art de former les moules intérieurs, et celui de faire des empreintes internes qui rendent toute la densité du moule. »

Haller, dans sa préface de l'Histoire Naturelle de M. de Buffon, a réfuté, si je ne me trompe, victorieusement son auteur; mais loin d'expliquer la ressemblance entre les parens et les enfans, il semble la nier en s'étendant sur la dissemblance physiologique interne des corps humains, et en opposant cette idée au naturaliste français. L'hypothèse de celui-ci révolte la philosophie. Bonnet, avec lequel nous différons d'ailleurs à plusieurs égards, a suffisamment combattu ce système fragile dont M. de Buffon lui-même ne saurait avoir été intimement convaincu ; mais, soit dit avec tout le respect que nous devons au philosophe suisse, il a esquivé à son tour la question de la ressemblance des enfans avec leurs parens, ou du moins il ne s'est pas soucié de la discuter à fond, afin de diminuer les difficultés qui en seraient résultées pour son hypothèse. Voici comment il s'explique :

II.

Question. « Les germes d'une même espèce sont-ils tous égaux et semblables ? ne diffèrent-ils que par les organes qui caractérisent le sexe, ou, y a-t-il entre eux une diversité analogue à celle que nous observons entre les individus d'une même espèce de plante ou d'animal ? »

Réponse. « Si nous considérons l'immense variété qui règne dans la nature, le dernier sentiment nous paraîtra le plus probable. C'est peut-être moins du concours des sexes que de la configuration primitive des germes, que dépendent les variétés que nous remarquons entre les individus d'une même espèce. »

Sur la ressemblance des enfans à leurs parens. « J'avouerai cependant qu'il est des traits de ressemblance entre les enfans et ceux auxquels ils doivent le jour que je ne suis point encore parvenu à expliquer par l'hypothèse que je propose. Mais ces traits ne sont-ils point équivoques ? »

Je suis fâché qu'un philosophe ait osé avancer, pour l'amour de son hypothèse, une question, je dirais presque aussi révoltante. Combien de millions d'exemples n'y a-t-il pas d'une ressemblance frappante entre les parens et les enfans ?

« Ne prenons-nous pas pour cause ce qui n'est pas cause ? Un père bossu a un enfant bossu ; on en conclut aussitôt que l'enfant tient sa bosse de son père. Cela peut être vrai, mais cela peut aussi être faux. La bosse de l'un et celle de l'autre peuvent dépendre de différentes causes, et ces causes peuvent varier de mille manières.

« Les maladies héréditaires souffrent moins de difficultés. On conçoit aisément que des sucs viciés doivent altérer la constitution du germe ; et si les mêmes parties qui sont affectées dans le père ou dans la mère le sont dans l'enfant, cela vient de la conformité de ces parties qui les rend susceptibles des mêmes altérations.

« Au reste, les difformités du corps découlent souvent de maladies héréditaires ; ce qui diminue beaucoup la difficulté dont je parlais il n'y a qu'un moment. Les sucs qui doivent se porter à certaines parties étant mal conditionnés, ces parties en seront plus ou moins défigurées, suivant qu'elles se trouveront plus ou moins disposées à recevoir ces mauvaises impressions. » (*Des Corps organisés*, ch. V, §§ 65, 66.)

M. Bonnet, en suivant son hypothèse, ne pouvait point arriver à la cause des ressemblances de famille. Mais examinons de plus près les causes naturelles qu'il admet pour les maladies héréditaires. Si les sucs viciés du père ou de la mère doivent altérer considérablement le germe, et produire, à l'égard des mêmes parties dans lesquelles le père ou la mère sont affectés, des difformités analogues, selon la disposition du germe et son plus ou moins de résistance, pourquoi, d'un autre côté, les bons sucs des parens laisseraient-ils le germe tel qu'il est? Concourront-ils moins à le pénétrer et à le développer que les sucs viciés? leur mélange et leur influence ne seront-ils pas également décidés, dans ce cas-ci, par la constitution du père et de la mère? Et puisque les parens s'assimilent les alimens qui servent à leur subsistance; puisque, d'après l'opinion généralement reçue, leurs liqueurs séminales ne sont autre chose qu'un extrait concentré et spiritueux de l'abondance du suc nourricier, pourquoi les sucs non viciés n'agiraient-ils pas avec une puissance égale sur le germe, et pourquoi n'influeraient-ils point sur la ressemblance aussi bien que les sucs corrompus? Cette action, je n'en disconviens pas, doit varier à l'infini, selon les circonstances, et le germe n'en conserve pas moins dans un degré éminent sa qualité individuelle, qui diffère encore, à bien des égards, du père et de la mère, et qui souvent ne contracte qu'une très-petite affinité, lorsque des causes ou des changemens accessoires s'y opposent; mais, quoi qu'il en soit, et en considérant sommairement les ressemblances et les dissemblances de famille, il paraît, à mon avis, que la nature a établi dans la propagation des espèces une sorte d'équilibre entre la force individuelle du germe primitif et l'assimilation des parens. Cet équilibre est ménagé de manière que l'originalité ou la propriété primitive du germe n'est pas entièrement détruite, et que l'assimilation des parens ne devient pas trop prédominante. Il faut que ces deux forces agissent réciproquement l'une sur l'autre, et qu'elles restent soumises aux circonstances, qui influent ensuite sur leur développement plus ou moins parfait, afin de manifester davantage la richesse, la variété et l'utilité des créatures, et leur dépendance commune de celui qui est l'auteur et le principe de toutes choses. (1)

Jusqu'ici, je ne saurais le déguiser, mes observations réitérées sur les ressemblances de famille m'ont évidemment démontré que les théories de MM. de Buffon et Haller ne fournissent point une solution satisfaisante. On a beau diminuer les difficultés, le phénomène existe, les faits sont là, ils bravent les hypothèses et les sophismes de tous les temps. Si le germe préformé gît dans la mère, peut-on lui supposer déjà une aptitude physionomique ? peut-il ressembler d'avance au père futur ? Sinon, d'où naît la ressemblance ? Peut-être, dira-t-on que le germe physionomique provient du père ? mais comment se fait-il que l'enfant ressemble tantôt au père, tantôt à la mère, tantôt à tous les deux ? et pourquoi encore les enfans n'ont-ils souvent aucune espèce de rapport physionomique avec leurs parens ?

---

(1) Passage communiqué.

Si je ne me trompe, il doit y avoir dans la mère un atome de germe, un tout susceptible d'organisation et disposé à prendre la forme humaine ; mais ce commencement de germe ne peut être que la base du principe déterminant qui émane du père et de la mère, et qui devient la cause efficiente de la vivification. Le germe, qui sans doute est analogue au naturel et à la complexion de la mère, qui est préadapté à la figure humaine, reçoit ensuite une physionomie particulière, individuelle et personnelle, selon la constitution du père ou de la mère, selon le caractère qui prédomine dans l'instant de la conception, peut-être même selon les momens décisifs qui succèdent à celui-ci. Cependant, tout n'est pas dit encore par ces premières influences : le développement après la naissance, et la liberté naturelle à l'homme, ne contribuent pas moins à le former au physique et au moral. Nous pouvons détériorer ou corriger nos sucs, contracter des passions ou douces ou violentes, exciter et fomenter en nous des sentimens de toute espèce, renforcer ou affaiblir nos facultés intellectuelles : voilà bien des causes et principales et subséquentes qui peuvent influer sur le système osseux, sur les muscles, sur les nerfs, et finalement sur le caractère. Il n'est donc pas nécessaire de remonter à une préformation physionomique antérieure à la génération, quoique à tout prendre le germe primitif et organique ait aussi une individualité propre qui le dispose à recevoir ou à repousser les impressions. Mais cette question me mènerait trop loin, et je n'entreprendrai pas de la discuter.

REMARQUES PHYSIOLOGIQUES

SUR LA RESSEMBLANCE ENTRE LES PARENS ET LES ENFANS, ET SUR LES VARIÉTÉS REMARQUABLES D'ORGANISATION QUI SE TRANSMETTENT PAR VOIE HÉRÉDITAIRE,

Par L. J. Moreau (de la Sarthe), docteur en Médecine.

La ressemblance entre les parens et les enfans, qui est remarquable par quelques dispositions importantes d'organisation, est un fait constaté par un trop grand nombre d'observations pour qu'il soit possible de le révoquer en doute; mais les causes de ce phénomène, les détails de son développement, les circonstances qui le modifient, ne sont pas aussi bien connus, et ont donné lieu à des hypothèses qui appartiennent moins à l'histoire des sciences qu'au tableau des erreurs et des écarts de l'esprit humain.

Ce genre de recherches tient, il faut l'avouer, aux considérations de la plus haute physiologie, et il a dû être difficile aux philosophes qui s'en sont occupés les premiers de ne pas tenter de se porter au-delà des limites où l'expérience finit, et où la nature, cessant d'être accessible, est couverte, suivant l'expression de l'auteur d'Anacharsis, d'un voile d'airain dont les efforts réunis de tous les hommes et de tous les siècles ne pourraient seulement soulever l'extrémité.

Lavater, entièrement étranger à la philosophie expérimentale et à la physiologie, a adopté tout à la fois les erreurs du peuple et les vaines hypothèses de quelques savans. La plupart des faits qu'il rapporte ne sont pas même bien constatés ; et rien n'est sûrement moins prouvé que la transmission constante des fronts raccourcis et voûtés des pères aux enfans, que le pouvoir de l'imagination de la mère sur la physionomie de son enfant, que de la ressemblance de l'enfant d'un second lit au premier mari, ou dans le cas d'adultère, à un époux étranger à l'existence de cet enfant, mais dont l'image a vivement occupé la mère dans le moment le plus décisif de son infidélité.

Un nombre suffisant d'observations n'a pas mieux prouvé que le tempérament bilieux et le tempérament sanguin se transmettaient plus sûrement que le tempérament lymphatique.

Voici quelques résultats d'expériences et quelques faits moins douteux tirés de l'histoire générale des êtres organisés et plus d'accord avec l'état actuel des connaissances physiologiques sur le rôle particulier à chaque sexe dans l'œuvre de la reproduction.

I.

Les recherches de Bonnet et de Haller, les expériences de Bibiena Jacobi et sur-tout de Spallanzani, prouvent que la mère met beaucoup plus dans la reproduction que le père ; que le fœtus lui appartient tout entier, mais qu'il sommeille, qu'il est engourdi jusqu'au moment où quelque chose émané de l'organe masculin l'excite, l'anime et lui donne le premier éveil de la vie : opinion qui plaira sans doute, disait Vicq-d'Azyr, au sexe qui nous prodigue dans l'âge le plus tendre, tant de caresses et de soins, et auquel nous devons tant de témoignages de reconnaissance et d'amour.

II.

La question de la ressemblance entre les parens et les enfans est liée à cette opinion et se rattache nécessairement, sauf les exceptions, à la nature du rôle que chaque sexe joue dans la reproduction.

III.

Les belles observations de Linné sur les plantes hybrides paraissent ne laisser aucun doute sur cet effet particulier de la nature du sexe dans la constitution du produit de la reproduction. Ce célèbre naturaliste a reconnu par plusieurs expériences, que ces plantes qui tenaient constamment de leur mère pour les organes de la fructification, qui sont les organes du premier ordre dans la nature végétale, recevaient du père les caractères moins importans, la forme, la couleur des fleurs ou du feuillage et des autres parties extérieures.

IV.

On sait de plus que la dégradation des espèces commence et s'effectue principalement par les femelles; que parmi les maladies héréditaires celles qui sont plus profondes et plus funestes, paraissent se transmettre par la mère, et que dans les haras, où l'on cherche à perfectionner ou créer de nouvelles races, on a principalement égard à l'état de l'étalon pour tout ce qui concerne la beauté du poil et des formes, la force et le ressort de toutes les parties, l'activité et la bonne conformation des sens, en un mot, toutes les dispositions et les qualités qui se rapportent à la vie de relation.

V.

Dans l'espèce humaine les pères paraissent influer plus directement sur l'élégance et la beauté, que les mères, qui transmettent plus ordinairement les principaux traits du tempérament, les penchans, les passions dominantes, et tout ce qui se rattache à la disposition des organes internes et des grands foyers de vitalité.

VI.

On a beaucoup trop accordé dans les effets remarquables de la génération à l'imagination de la mère et point assez à l'imagination du père, dont l'exaltation ou la tiédeur, au moment de la conception, peuvent néanmoins avoir une grande influence. Cette remarque, que je crois m'être propre, tient à la grande et belle loi zoonomique qui soumet les sécrétions de toute la nature à l'empire de la sensibilité. Si cette loi ne peut plus être révoquée en doute aujourd'hui; si, comme on le sait généralement, la salive est plus pénétrante lorsque la faim, ou la présence d'un aliment désiré en détermine une plus abondante sécrétion; si les larmes sont brûlantes lorsque la douleur et le désespoir les font couler; si plusieurs autres excrétions acquièrent des qualités différentes, suivant l'état d'excitement des organes où elles s'opèrent, pourrait-on se refuser à croire que la sécrétion de la semence n'est pas soumise à la même loi? que la liqueur fécondante, les principes d'animation formés et versés pendant l'émotion rapide d'une volupté sans énergie, a autant d'activité, et excite, éveille aussi bien les germes qu'une semence élaborée et lancée au milieu des transports d'une imagination passionnée et dans la circonstance d'une irritation vive, d'une ardeur sans borne et d'un ineffable plaisir?

VII.

L'état des deux époux au moment de l'union conjugale est donc une circonstance qui peut influer beaucoup sur la force ou la beauté des enfans, et elle était bien entendue cette loi de Lacédémone, qui, forçant les nouveaux mariés à se rapprocher clandestinement et à la dérobée, prévenait la tiédeur ou les langueurs trop communes des unions légitimes, et laissait aux époux cette énergie de facultés attachée à la liberté du choix et aux hasards des bonnes fortunes et des rencontres.

VIII.

Lorsqu'il arrive un croisement notable de races ou de familles dans un pays, la population est sensiblement perfectionnée, mais plus particulièrement dans ce qui dépend de l'influence paternelle. (1)

XI.

Les législateurs paraissent avoir très-bien saisi et bien apprécié cet effet du croisement des races et des mélanges des familles; et il paraît du moins que c'est dans l'observation de ces effets qu'il faut chercher l'esprit des lois et des coutumes relatives à l'inceste et à l'isolement des familles.

---

(1) Dans une des grandes villes de l'empire français, les femmes, il y a un demi-siècle, étaient plutôt laides que jolies. Le séjour d'un détachement assez considérable de gardes-du-corps, pendant plusieurs années, a suffi pour perfectionner la population et la rendre remarquable par la beauté des femmes. Les moines de Cîteaux paraissent avoir produit le même effet sur les habitans de leurs environs, et de bons observateurs m'ont assuré avoir remarqué que les jeunes paysannes du voisinage de ces moines étaient beaucoup plus jolies que celles des autres contrées. *Voyez* l'Histoire naturelle et philosophique de la Femme, par Moreau de la Sarthe, vol. III.

IV.

OBSERVATIONS SUR LES ENVIES OU MARQUES QUE LES ENFANS APPORTENT EN NAISSANT, SUR LES MONSTRES, LES GÉANS ET LES NAINS.

Il y a des enfans qui naissent avec des envies, tout comme il y a des monstres, des géans et des nains. Toutes ces singularités existent réellement, et sont inexplicables. Un monstre est un être organisé et vivant, qui a une conformation contraire à l'ordre de la nature, qui naît avec un ou plusieurs membres de trop ou de trop peu, dont l'une des parties est déplacée, ou bien est trop grande ou trop petite, dans la proportion de l'ensemble. J'appelle envies les défectuosités ou les marques que les enfans apportent quelquefois au monde, et qui sont la suite d'une impression forte et subite reçue par la mère pendant la grossesse.

La difformité des monstres (1), si j'en excepte peut-être ceux qui naissent avec six doigts, s'étend toujours plus ou moins à leur physionomie, et leurs traits sont beaucoup moins heureux que ceux des enfans régulièrement organisés. Le trop, le trop

---

(1) *Voyez* les observations intéressantes que M. Bonnet a faites sur les monstres, dans le tome VI de ses Œuvres, pages 446-518.

peu, et toute irrégularité en général, influe sur la physionomie et sur l'esprit.

Expliquer en détail, avec exactitude et avec vérité, le caractère physionomique des différentes espèces de monstres, leurs facultés intellectuelles et morales, ce serait contribuer essentiellement à l'avancement de notre science. Les exceptions et les extrêmes peuvent servir de bases aux règles générales.

Bien des gens ne croient point aux envies, et, si je ne me trompe, voici quelques-unes des raisons qui les rendent incrédules sur cet article. D'abord, on fait passer souvent pour envies des marques ou des taches qui ne l'ont jamais été ; on déguise la vérité par toutes sortes de contes ridicules et extravagans, et c'est ce qui a dégoûté le philosophe, ou plutôt le demi-philosophe. En second lieu, on doute de la réalité des envies, parce qu'on n'aperçoit pas la moindre liaison entre l'effet et la cause ; ou, troisièmement, parce qu'on n'a pas toujours sous les yeux des exemples convaincans. Enfin, dans la plupart des contestations, on nie ou l'on affirme quelquefois par esprit de contradiction, ou par affectation.

Quant à moi, il me semble que les faits sont trop nombreux et trop bien prouvés pour qu'un observateur impartial puisse révoquer en doute l'existence des envies. Je mets volontiers de côté tout ce que l'exagération y ajoute souvent de faux et d'absurde ; mais combien d'enfans ne voit-on pas qui portent sur leur corps des figures ou des traits d'animaux, la couleur ou la forme d'un fruit, ou telle autre marque étrangère ? Tantôt c'est l'empreinte d'une main sur la même partie que la femme enceinte a touchée dans un moment de surprise ; tantôt c'est une aversion insurmontable pour les mêmes objets qui ont répugné à la mère pendant sa grossesse ; quelquefois il y a des enfans qui conservent toute leur vie des plaies ou des ulcères, quand l'imagination de la mère a été frappée par l'aspect d'une bête morte ; en un mot, des marques de différentes espèces nous prouvent que les envies ont une origine très-réelle, et qu'elles ne doivent point être attribuées à des causes arbitraires. Par conséquent nous sommes obligés d'admettre pour vraie une chose qui en elle-même est absolument incompréhensible ; par conséquent il est décidé que l'imagination d'une femme enceinte, excitée par une passion momentanée, opère sur l'enfant qu'elle porte dans son sein.

Parmi la foule d'exemples qu'on pourrait citer, choisissons-en deux dont on m'a garanti l'authenticité.

Une femme enceinte jouait aux cartes, et en relevant son jeu elle voit que pour faire un grand coup il lui manque l'as de pique. La dernière carte qui lui rentre est effectivement celle qu'elle attendait. Une joie immodérée s'empare de son esprit, se communique, comme un choc électrique, à toute son existence, et l'enfant qu'elle mit au monde porta dans la prunelle de l'œil, l'empreinte d'un as de pique, sans que l'organe de la vue fût d'ailleurs offensé par cette conformation extraordinaire.

Le fait suivant est encore plus étonnant, s'il est aussi positif qu'un de mes amis me l'a assuré par écrit.

Une dame de condition du Rhinthal voulut assister, dans sa grossesse, au supplice d'un criminel qui avait été condamné à avoir la tête tranchée et la main droite coupée. Le coup qui abattit la main effraya tellement la femme enceinte, qu'elle détourna la tête avec un mouvement d'horreur, et se retira sans attendre la fin de l'exécution. Elle accoucha d'une fille qui n'eut qu'une main, et qui vivait encore lorsque mon ami me faisait part de cette anecdote; l'autre main sortit séparément d'abord après l'enfantement.

Après avoir soutenu que les affections de la mère influent sur l'enfant au physique, je dirai même qu'elles peuvent produire aussi des effets moraux. On m'a parlé d'un médecin qui ne sortait jamais de la chambre de ses malades sans y dérober quelque chose. Il oubliait ensuite ses vols, et sa femme ne manquait jamais le soir de visiter ses poches, pour en retirer des clés, des tabatières, des étuis, des ciseaux, des dés à coudre, des lunettes, des boucles, et d'autres bagatelles qu'elle faisait restituer aux propriétaires. On cite encore l'exemple d'un enfant mendiant, qui, à l'âge de deux ans, avait été recueilli par une famille noble. On lui donna une éducation soignée, et il réussit à merveille; mais jamais il ne put se défaire de l'habitude du vol. Il faut donc supposer, je pense, que les mères de ces deux voleurs extraordinaires avaient des penchans analogues pendant leur grossesse. Ces sortes de personnes sont plus à plaindre qu'à mépriser. Selon toute apparence, leurs actions sont tout aussi involontaires, tout aussi machinales, et peut-être tout aussi peu criminelles devant Dieu, que le mouvement des doigts, ou telles autres distractions auxquelles nous nous laissons souvent aller dans des méditations sérieuses, et dont nous n'avons pas le moindre souvenir. Il n'y a que le but de nos actions qui puisse déterminer leur mérite moral, tout comme leur mérite politique doit être apprécié suivant les conséquences qui en résultent pour la société. Quant à nos deux voleurs, je m'imagine que leur funeste habitude ne faisait pas plus de tort aux sentimens de leurs cœurs, que la prunelle en forme d'as de pique ne nuisait à la vue de l'enfant dont nous avons parlé ci-dessus. Vraisemblablement aussi ils n'avaient pas des physionomies de fripon ; du moins suis-je sûr qu'on ne leur aurait point trouvé ce regard avide, sournois et fourbe, qui appartient aux voleurs de profession. On ne rencontre pas souvent des gens d'un caractère aussi singulier : je n'en ai jamais vu ; aussi je ne saurais juger de leur physionomie avec connaissance de cause ; mais je répondrais d'avance qu'il doit y avoir dans leurs traits quelques signes distinctifs de cette originalité remarquable.

L'hypothèse que j'ai essayé d'établir peut encore, à ce que je crois, être rapportée aux géans et aux nains, du moins à ceux qui le sont accidentellement. C'est un regard concentré de la mère qui forme les uns et les autres dans certains momens donnés.

DES MONSTRES.

Quoi qu'il en soit, on me citera difficilement un seul géant ou un seul nain entièrement sain d'esprit et de cœur, c'est-à-dire, au même degré que le sont mille autres individus régulièrement constitués : nouvelle preuve évidente que dans toutes ces productions la nature est vraie, et qu'elle ne s'écarte jamais sans cause de ses règles de proportion. Une grande faiblesse d'esprit est l'apanage ordinaire des géans ; celui des nains une stupidité grossière.

1 et 2. CETTE planche représente une jeune fille qu'on a promenée, il y a quelque temps, dans plusieurs villes de l'Europe. Son corps était parsemé de petites touffes de poils de biche, et le dos couvert d'une quantité d'excroissances spongieuses également garnies de ce poil. On prétend que dans sa grossesse, la mère de cet enfant prit querelle avec une voisine sur un cerf. La copie a été dessinée d'après nature, et je réponds de son exactitude. Ce qui est positif, c'est que les excroissances étaient très-marquées, et quoiqu'elles n'eussent aucune analogie avec la chair de cerf, le père soutenait pourtant qu'elles ressemblaient plus ou moins à l'animal écorché. Mais ce qui est plus positif encore, c'est que les touffes tenaient du pelage du cerf ou du daim, et qu'elles en approchaient aussi par la manière dont elles étaient plantées et couchées. Les toupets qui sortaient du milieu du front, des bras et des jambes, étaient également d'une espèce différente des cheveux de la tête. Un si étrange phénomène est un exemple frappant de la force et des effets de l'imagination chez quelques femmes grosses. J'observerai de plus que la jeune personne en question avoit une force de corps prodigieuse et une justesse de tact peu commune. Sa stature et ses chairs, sa forme, sa complexion et sa physionomie, ses attitudes et ses gestes, tout annonçait en elle une virago précoce et très-active.

3. Le profil n° 3 est une fille de seize ans, dont la taille n'excédait guère la hauteur de deux pieds. Sa physionomie ne

Tom. 8. Pl. 516.

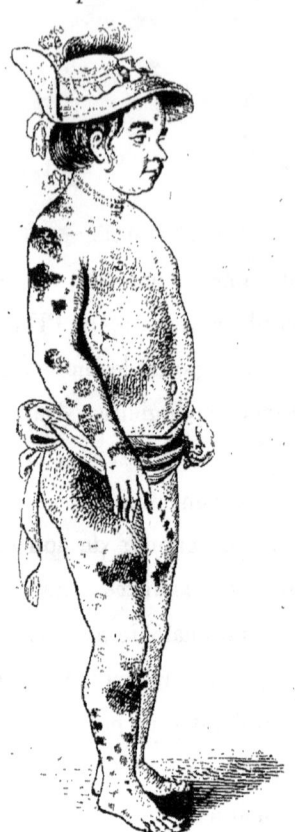
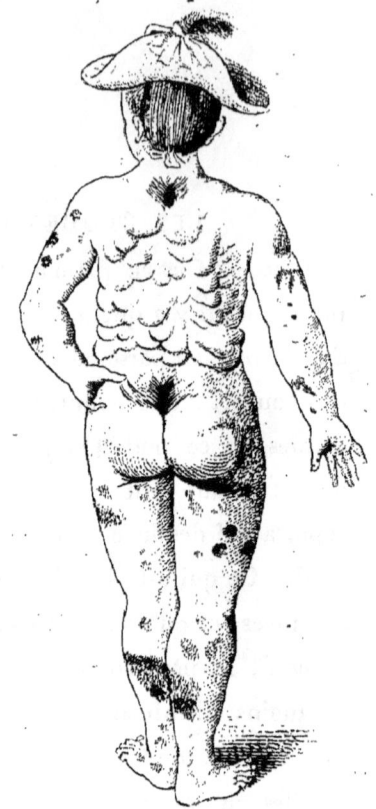

réveille absolument d'autre idée que celle d'une enfance consolidée. Le front penché en avant rappelle les imperfections physiques du premier âge, et le creux de la racine du nez est un signe infaillible de faiblesse ou de mollesse. Malgré cela, cette tête conserve un certain air de maturité qui semble s'être précipité, pour ainsi dire, dans le bas du visage, et qui domine depuis la lèvre inférieure jusqu'au cou. Le physionomiste exercé démêlera bientôt dans l'ensemble ce qui s'y trouve d'enfantin et de mûr.

Au reste, cette naine ne manquait pas de sens, ou plutôt elle avait du caquet et une grande mémoire ; l'œil et la bouche en font assez foi ; mais sa forme et ses traits répugnent également aux graces et à la délicatesse du sentiment.

SUPPLÉMENT

SUR

LES MONSTRES,

Par L. J. Moreau (de la Sarthe), docteur en Médecine.

Les variétés humaines qui se rapportent au tempérament, aux races, aux caractères de nation et de famille, sont les faits ordinaires de l'histoire de la nature. Les monstres en sont les événemens extraordinaires, les accidens.

On les regarde communément comme les effets des écarts, des jeux, des erreurs de la nature. Mais si on y fait mieux attention, on verra peut-être que la nature ne joue point, ne se trompe point, mais que réalisant tous les possibles, sortant des bornes étroites où nous croyons la renfermer par nos méthodes, elle produit des combinaisons de formes et de facultés dont l'imagination la plus hardie n'aurait pu soupçonner la réalité.

Lavater a commencé à peine ce chapitre des productions extraordinaires de la nature, que l'on appelle des monstres. Nous ne nous proposons pas de l'achever; nous avons seulement le dessein d'en indiquer les principales sections et de citer quelques exemples des monstruosités auxquelles les physiologistes modernes ont essayé de rapporter tous les faits de ce genre, dont on a conservé le souvenir et recueilli les observations.

Les variétés accidentelles et monstrueuses de l'homme les plus remarquables sont celles que renferment les géans, les nains, les hommes extraordinaires par leur volume; en un mot, toutes les dispositions insolites relatives ou à la taille ou à la masse du corps. Les *géans* les plus merveilleux dont les anthropologistes ont conservé l'histoire, sont :

GILLI, de Trente, de la taille de huit pieds deux pouces huit lignes.

Un GARDE prussien ayant huit pieds huit lignes.

MAGRATH, montré à Londres, etc. etc. etc.

Un nain, que quelques circonstances particulières ont rendu plus fameux que les géans que nous venons de citer, fut Bébé, connu sous le nom du nain du roi de Pologne. A l'époque de sa naissance, il pesait douze onces. Il fut allaité par une chèvre et eut un sabot rembourré pour berceau. Il marcha à deux ans. Ses premiers souliers n'avaient que dix-huit lignes de long. De deux à six ans il eut plusieurs maladies graves. A cinq ans il avait vingt-deux pouces et paraissait entièrement formé. Cet être, remarquable par toutes ces circonstances extraordinaires d'organisation, ne put jamais aller au-delà de l'intelligence d'un chien assez passablement dressé.

Un autre nain dont on a conservé l'histoire, et qui s'appelait M. Borwinski, jouissait de toutes les facultés accordées aux hommes d'une taille ordinaire bien conformée. Le nain d'Auguste, dont la statue a été conservée, n'avait que deux pieds.

Sous Domitien on vit des nains gladiateurs.

On a cité un grand nombre d'exemples de monstruosités par excès de volume du corps ou de développement prématuré des forces physiques. Un des plus singuliers est celui que nous avons nous-mêmes fait connaître dans le Journal de Médecine, rédigé par MM. Corvisart, Leroux et Boyer. Le jeune homme qui présente cet exemple d'accroissement extraordinaire, est âgé de douze ans, et a été vu par plusieurs personnes du pensionnat de M. Butet (1). Sa taille est d'environ quatre pieds six pouces et quelques lignes. Sa tête est volumineuse. Sa physionomie peu expressive; pendant les premières années de sa vie, son physique n'offrit rien de bien remarquable. Mais à l'âge de trois ans on observa que les testicules étaient beaucoup plus volumineux qu'ils ne le sont ordinairement à cet âge. A six ans ce volume avait quelque chose de monstrueux, et alors cette circonstance était accompagnée d'une force physique extraordinaire. La voix était grave, et cet enfant avait, comme à l'époque de la puberté, un développement de poils sur plusieurs régions du corps.

A sept ans ce petit homme fut obligé de faire sa barbe. Il était presque aussi grand, aussi fort qu'il l'est aujourd'hui, et pouvait conduire une charrue ou se livrer à des exercices très-pénibles. La masse et la dégénérescence des testicules sont d'ailleurs ce qu'il y a de plus marqué dans cet exemple de monstruosité par excès de volume. Ces parties ont pris un tel accroissement que la marche est devenue pénible, et que l'on a été obligé de faire usage d'une ceinture particulière pour soutenir ce poids incommode.

Un second ordre de monstruosités est celui qui renferme tous les exemples de déplacement et de transposition des organes externes ou internes du corps humain. Celle des monstruosités de cet ordre qui méritent le plus d'attention, ne se reconnaissent bien complètement qu'après la mort et par des recherches anatomiques. Ce sont principalement les transpositions de viscères, leurs changemens de

---

(1) A l'École Polymathique, rue de Clichy.

rapports, le foie à gauche, par exemple, et le cœur dirigeant sa pointe à droite, comme pour justifier les médecins de Molière.

Les cas de division et de réunion vicieuses, dans les différentes parties d'une organisation mal conformée, forment un quatrième ordre de monstruosités. Le bec de lièvre, les différentes imperforations, l'aglutination des paupières, etc. appartiennent à cet ordre.

A un cinquième ordre se rapportent les monstres par défaut, comme les acéphales, et les monstres qui manquent de bras ou de jambes, et qui même quelquefois n'ont que le tronc.

Ce que l'on appelle vulgairement les envies, les signes, ces configurations bizarres sur différentes parties de la peau, attribuées à l'imagination des mères, forment un sixième ordre de monstruosités auquel on peut rapporter les Albinos, qui ne forment pas un corps de nation, comme l'ont prétendu quelques voyageurs et différens anthropologistes. On renferme aussi dans la même division, la forme ou la couleur singulière des cheveux, le prolongement des ongles, les tubercules de l'épiderme, qui ont fait donner le nom d'hommes-porcs-épics à quelques hommes que l'on a montrés à Londres et à Paris, à différentes époques, comme une chose rare et merveilleuse.

Les monstres par excès dont nous composons un septième ordre, sont ceux parmi lesquels on trouve les exemples les plus extraordinaires de cette grande liberté avec laquelle nous avons dit que la nature réalisait des possibles que l'imagination la plus active aurait pu à peine concevoir. Les monstres à deux têtes, à trois jambes ou à trois bras, appartiennent à cet ordre. Les corps doubles dans toutes leurs parties se rapportent à la même division. Un monstre semblable, dont Buffon a donné l'histoire, a eu vingt-un ans d'existence. Il était né à Troni, en Hongrie. C'était une réunion de deux filles, d'ailleurs bien conformées, et se trouvant jointes par la région des reins de manière à ne pouvoir se voir qu'en tournant la tête. On les vendit à neuf ans pour être offertes à la curiosité publique. L'une s'appelait Judith, c'était la plus faible; l'autre Hélène, beaucoup plus forte et mieux constituée. A voir chacune par devant, lorqu'elles étaient arrêtées, on ne voyait rien de différent des autres femmes. Il n'y avait qu'un seul anus pour ces deux êtres ainsi accolés, et réunis dans la fonction relative à cet organe; pour l'émission des urines, il en était autrement : chacune avait ses besoins, ce qui leur occasionnait de fréquentes querelles, parce que quand le besoin prenait à la plus faible, et que l'autre ne voulait pas s'arrêter, celle-ci l'emportait malgré elle. Pour tout le reste, elles s'accordaient, car elles paraissaient s'aimer tendrement. Judith devint infirme à six ans. Hélène était belle, gaie, elle avait de l'intelligence et même de l'esprit. Elles ont eu en même temps la petite vérole et la rougeole; mais toutes leurs autres maladies ou indispositions leur arrivaient séparément. A seize ans, leurs règles parurent presque en même temps, et ont toujours continué de paraître séparément à chacune. Vers l'âge de vingt-deux ans, Judith eut la fièvre, tomba dans une espèce de léthargie, et mourut. Hélène fut obligée de suivre son sort : trois minutes avant la mort de Judith elle se trouva très-mal, et mourut presque en même temps. (1)

Un corps double encore plus extraordinaire est celui qui a été annoncé, il y a deux ans, avec tant de bruit et d'éclat à la curiosité publique, sous le titre d'un fœtus monstrueux trouvé dans le corps d'un jeune homme de Verneuil, âgé de quatorze ans.

Ce jeune homme, auquel la bizarrerie de son malheur et de sa mort ont donné une sorte de célébrité, se nommait Bissieu. Son enfance fut pénible, et dès qu'il balbutia, il se plaignit de douleurs au côté. Il avait le ventre très-gros, mais variable dans son volume. Son corps par la

---

(1) BUFFON, Supplément, tome VIII, page 411, in-12.

suite, resta grêle; sa figure était maigre et pâle. A douze ans, la santé parut devenir un peu meilleure; mais bientôt il ressentit au côté des douleurs vives avec fièvre. Une tumeur large et saillante se manifesta à l'hypocondre gauche, et le malade mourut avec toutes les apparences d'une phthisie, le 23 prairial an 12.

Des recherches exactes sur son cadavre ont fait découvrir dans son intérieur un fœtus monstrueux, ou plutôt un corps organisé du même âge que celui aux entrailles duquel il était attaché. Lorsque la nouvelle d'un phénomène aussi nouveau et aussi incompréhensible fut annoncée, le premier sentiment fut celui du doute; le premier cri, le cri de l'incrédulité.

Un examen attentif, et les recherches cadavériques les plus exactes n'ont plus laissé aucun doute par la suite. Le fœtus trouvé dans le corps de Bissieu était son frère, comme Hélène était la sœur de Judith. Par un défaut d'espace suffisant, le germe de ce fœtus, plus faible d'ailleurs, plus lent dans son développement que le fœtus son frère, ou même peut-être fécondé plus tard, et produit par une superfétation, a dû s'être développé à la surface des entrailles de l'individu plus fort, et dont, à cette époque de réunion, les tégumens de l'abdomen n'étaient pas encore formés. On l'a trouvé renfermé dans une poche membraneuse qui a fait fonction de matrice, et qui s'était développée dans l'épaisseur du mésocolon transverse, auquel adhérait un cordon ombilical fort court.

Cet être monstrueux qui s'était accru dans le sein de son frère était d'ailleurs doué d'un organisme dont il était impossible de douter. La dissection y fit découvrir quelques traces d'organes des sens, un cerveau, une moelle épinière, des nerfs très-volumineux, des muscles transformés en une matière fibreuse, un squelette formé d'une colonne vertébrale, d'une partie supérieure que l'on pouvait regarder comme une tête déformée ; enfin, d'une ébauche assez imparfaite des membres : ensemble de dispositions bien suffisant pour établir l'individualité de cette masse organisée.

La peau qui recouvrait ce corps était épaisse et ridée, parsemée de plusieurs prolongemens, qui annonçaient, ainsi que le développement de plusieurs dents et la pousse d'une grande quantité de cheveux, (1) que la vie, resserrée dans un espace trop étroit, s'était exercée à la surface, et par l'altération ou même la transformation des parties qu'elle n'a pu développer ni étendre.

Tel est, sur un phénomène que l'on pourrait appeler *la merveille* du dix-neuvième siècle, le résultat de nos propres observations, et d'un très-long mémoire qui a été communiqué dans le temps à la société de l'École de Médecine de Paris par le chef des travaux anatomiques. (2)

L'on voit aisément qu'une partie du merveilleux qui environne ce fait, et qui, à l'époque où il fut communiqué, était un objet général de curiosité et de conjectures, aurait disparu si, au lieu de le donner sous le titre de fœtus trouvé dans le corps d'un jeune homme de quatorze ans, on l'eût aussitôt classé dans l'ordre des monstruosités auquel il appartient, en lui donnant simplement le nom de monstre à deux corps, dont l'un, intérieur et plus faible, s'est développé au dedans du second sous la forme d'une masse complètement organisée, et de sexe

---

(1) On avait trouvé dans la poche faisant fonction de matrice une quantité assez considérable de cheveux, et l'on avait remarqué à la partie supérieure du corps organisé, et dans l'épaisseur d'un rebord couvert d'une membrane lisse, cinq dents implantées dans des alvéoles, moins une, et annonçant par leur développement qu'elles appartenaient à un sujet âgé de plusieurs années.

(2) Nous avons rendu compte de ce long mémoire avec la bienveillance que l'on doit à des recherches en général plus pénibles que glorieuses, et dont la philosophie ne doit jamais perdre l'occasion de faire apprécier l'utilité. *Voyez* ce Journal, an 13, v. II.

masculin. Le phénomène ainsi annoncé aurait paru moins extraordinaire, moins isolé dans l'histoire des faits déjà connus, et se rattacherait d'une part aux monstres à corps double, et de l'autre part aux exemples de grossesses extra-utérines.

On a voulu rapporter les monstruosités de différens ordres à plusieurs causes, et les expliquer par des théories et des hypothèses plus ou moins ridicules.

L'influence de l'imagination des mères est une de ces causes que l'on a le plus souvent mises en jeu, et auxquelles des médecins d'ailleurs estimables ont cru avec le vulgaire.

L'imagination, les sensations, les passions vives de la mère, exercent sûrement une influence notable sur l'enfant renfermé dans son sein, et peuvent devenir la cause éloignée d'un tempérament particulier ou d'une constitution morbifique; mais croire à un effet particulier des pensées et des idées de la mère sur la forme de l'enfant, expliquer ainsi les signes, les envies et les difformités de plusieurs parties, est une opinion qui n'a jamais été appuyée que par des observations inexactes ou par des faits mal vus : opinion qui suppose que les personnes qui la soutiennent méconnaissent, ou du moins oublient les véritables rapports que la nature a établis entre le fœtus et les organes de la gestation.

Des maladies, différentes altérations lentes que le fœtus a éprouvées pendant la grossesse, sont bien souvent la cause de toutes ces variétés de forme ou de couleur que l'on croit expliquer par l'effet de l'imagination de la mère. Les physiologistes citent à cette occasion l'exemple d'une dame qui, pendant sa grossesse, s'était beaucoup occupée de l'ange Gabriel, et qui accoucha d'un fils en tout semblable à un petit ange, et muni de deux ailes. On cria au miracle; mais un observateur un peu plus attentif ayant examiné le fait, trouva que les deux ailes n'étaient autre chose que deux tumeurs écrouelleuses très-considérables, et que l'enfant, loin d'avoir été rapproché, par les pensées de sa mère, d'une nature angélique, était une pauvre créature dont la maladie avait commencé presque avec la vie, et qui était condamnée par la nature à une longue infirmité.

Des maladies de ce genre, ou plusieurs autres modes de lésion, sont souvent la véritable cause de diverses monstruosités qui ne sont que des altérations morbifiques. Les causes des véritables monstres, admises aujourd'hui par les physiologistes, sont toutes les circonstances qui peuvent déranger les trois conditions de tout développement d'un corps organisé; savoir, l'espace, l'humidité et la température. La preuve la plus décisive de cette opinion, qui aujourd'hui est généralement admise, consiste à faire à volonté des monstruosités dans plusieurs animaux, par des perturbations de ces trois conditions de développement. Réaumur a fait sur les poissons plusieurs de ces expériences décisives.

V.

ESSAI SUR LA PHYSIONOMIE DE QUELQUES MALADIES.

Il nous faudrait pour chaque état de santé et de maladie une sémiotique tirée des règles de la physiognomonie et de la pathognomonique. Un tel ouvrage est au-dessus de mes forces ; mais je voudrais le voir exécuter par un médecin philosophe et profond observateur, et c'est lui que je chargerais de tracer les caractères physiologiques des différentes maladies auxquelles chaque constitution, chaque corps serait particulièrement disposé. Je suis prodigieusement ignorant dans tout ce qui regarde la connaissance des maladies et des signes qui leur sont propres ; cependant, d'après le peu que j'ai vu et observé dans ce genre, je crois pouvoir affirmer avec quelque certitude, qu'en étudiant soigneusement les parties solides et les contours d'un grand nombre de malades, il ne serait pas absolument difficile d'apercevoir et d'indiquer d'avance, dans l'état de pleine santé, les caractères des maladies, même les plus dangereuses, auxquelles le corps incline naturellement. De quelle utilité ne serait point une pareille sémiotique, fondée sur la nature et la structure du corps, pour toutes les maladies possibles ou vraisemblables ! Quels grands avantages ne résulterait-il point, si le médecin pouvait dire à l'homme bien portant, avec une probabilité qui approcherait de la certitude : « Suivant l'ordre naturel des choses, vous avez telle maladie à craindre; prenez telles et telles précautions. Il en est de la phthisie et de la fièvre comme de la petite vérole; le germe en est au dedans de nous, et peut se développer de telle manière (1); voici ce qu'il faut faire pour en prévenir les effets. » Une diététique appuyée sur la physiognomonie serait un ouvrage digne de vous, illustre Zimmermann!

Avec quel art ce grand homme caractérise, dans son admirable *Traité de l'Expérience*, l'état des différentes maladies produites par les passions! Mes lecteurs ne seront certainement pas fâchés de retrouver ici quelques passages qui contiennent d'excellentes remarques sémiotiques, et qui prouvent jusqu'à quel point l'auteur connaît le sujet qu'il traite avec tant de supériorité. Commençons par un morceau très-intéressant, tiré du chapitre VIII de la première partie.

« Un esprit observateur recherche la physionomie des maladies. Cette physionomie se communique, il est vrai, à toute l'étendue du corps; mais on aperçoit en particulier dans les traits et dans l'air du visage des signes qui font juger de la nature de la maladie, de ses changemens et de ses progrès. Le malade offre souvent, d'une manière évidente, le signalement de sa maladie : cela se voit

---

(1) Il y a dans cette assertion une erreur populaire dans laquelle sont tombés quelques docteurs. Nous n'avons point le germe des maladies contagieuses, comme la petite vérole ou la maladie vénérienne; mais celui des maladies héréditaires est attaché aux tempéramens morbifiques. *Voyez* l'article précédent sur les Tempéramens. (*Note des Éditeurs.*)

dans les fièvres chaudes, étiques et bilieuses, dans les pâles couleurs, dans la jaunisse, dans la bile noire et dans les maladies vermineuses. »

Tout ignorant que je suis en médecine, il m'est déjà arrivé plusieurs fois de trouver dans la physionomie l'indice du ver solitaire. (1)

« Cette physionomie dont je parle ne saurait échapper surtout à l'observateur le moins attentif, dans les ravages des maladies vénériennes. Dans les fièvres ardentes, plus le visage perd de son air naturel, plus il y a de danger. Un homme dont le regard était autrefois doux et serein, et qui, le visage en feu, me regarde avec un œil inquiet et effaré, me fera toujours craindre un dérangement d'esprit. D'autres fois, et dans les inflammations de poitrine, j'ai vu pâlir le visage, et le regard s'égarer à l'approche d'un paroxisme qui fit frissonner le malade, et le laissa même sans connaissance. Des yeux troublés, des lèvres pendantes et décolorées, sont de mauvais symptômes dans les fièvres chaudes, étiques et bilieuses, parce qu'ils supposent une grande débilitation; le danger est très-pressant quand le visage s'altère subitement. Il y a gangrène lorsque, dans les maladies inflammatoires, le nez devient pointu, le teint plombé et les

---

(1) Il y a peu de physionomies morbifiques aussi marquées; ainsi il n'est pas étonnant que LAVATER, qui possédait à un haut degré la sagacité d'observer ces altérations du visage, l'ait reconnue. (*Note des Éditeurs.*)

lèvres bleuâtres. En général, le visage annonce souvent l'état du malade par des signes qui ne reparaissent point ailleurs, et qui sont de la plus grande signification. Les yeux seuls fournissent nombre d'observations à faire. Boherhaave examinait ceux de ses malades avec une loupe, pour voir si le sang montait dans les petits vaisseaux. Hippocrate s'alarmait lorsque les yeux du malade fuyaient la lumière; lorsque les larmes en découlaient involontairement, lorsqu'ils devenaient louches, lorsque l'un paraissait plus petit que l'autre, que le blanc commençait à rougir, les artères à noircir, à s'enfler ou à se retirer extraordinairement. Les mouvemens du malade et son attitude dans le lit (1) doivent également être placés au nombre des signes distinctifs. On voit souvent le malade porter la main vers le front, tâtonner dans l'air, grater le mur, tirailler ses draps de lit; et tous ces mouvemens ont leur signification comme ils ont leur cause. L'assiette du malade est analogue à l'état où il se trouve, et mérite par cette raison une attention particulière. Plus sa situation est incommode dans une maladie inflammatoire, plus elle fait juger de l'agitation qu'il éprouve et du danger dont il est menacé. Hippocrate nous a rendu tous ces détails avec une vérité qui ne laisse rien à désirer.

« Plus l'assiette du malade approche de celle à laquelle il était habitué dans l'état de santé, moins il y a à craindre pour lui. Swift

---

(1) C'est ce que les médecins appellent le *decubitus*, dont il est si important d'examiner les divers états dans les maladies aiguës. (*Note des Éditeurs.*)

était maigre tant qu'il fut en proie à l'ambition et à des chagrins de toute espèce. Dans la suite, il perdit entièrement l'esprit, et il reprit alors son embonpoint. »

M. Zimmermann fait une description admirable de l'envie et des ravages qu'elle exerce sur le corps humain. « Les effets de l'envie se manifestent déjà chez les enfans. Dominés par ce penchant, ils deviennent maigres et languissans, et tombent souvent dans le marasme. En général, l'envie dérange l'appétit, elle trouble le sommeil et cause des convulsions; elle attriste l'esprit; elle fait contracter un air bourru, brusque, impatient et inquiet; elle dispose à des oppressions de poitrine. La gloire ou la fortune d'autrui est comme un glaive sur la tête de l'envieux; il cherche à tourmenter sans cesse les autres, et il fait lui-même son plus grand tourment. Voyez-le jusque dans sa gaieté, il la perd dès que son démon commence à l'agiter, dès qu'il ne réussit point à déprimer le mérite auquel il ne saurait atteindre : alors il roule les yeux, il agite le front, il prend un air sombre, renfrogné et boudeur. » (1)

Les auteurs qui ont le plus écrit sur la sémiotique, et que les médecins citent le plus souvent, sont Arctæus, Lomnius, Wolff, Hoffmann, Wedel, Schroder le père. Je connais aussi deux bonnes

---

(1) Il y a un caractère extérieur de l'ambition farouche et de l'envie qui m'a paru décisif, et qui ne m'a jamais trompé : c'est l'habitude de ronger ses ongles avec les dents et en exécutant un léger mouvement convulsif des lèvres qui paraît avoir dégénéré en *tic*. (*Note des Éditeurs.*)

dissertations sur le même sujet : l'une, de Samuel Quelmalz, *de Prosoposcopia medica*, Leipsick, 1784; l'autre du célèbre Stahl, *de facie morborum indice, seu morborum œstimatione ex facie*, Halle, 1700. Mais ce que nous avons de mieux fait, de plus intéressant et de plus complet dans ce genre, c'est *Thomas Fienus, Philosoph. ac medic. præstantissim., semiotica, sive de signis medicis; Lugduni,* 1664. Encore cet auteur ingénieux a-t-il glissé très-légèrement sur les pronostics à tirer de la figure du corps, quoique dans son Diagnostic il s'y attache plus que ne l'ont fait d'autres écrivains.

ADDITION,

Par L. J. Moreau (de la Sarthe).

I.

Le médecin qu'il faut regarder comme le meilleur physionomiste des maladies, est, sans aucune comparaison, Hippocrate.

Ce que cette sagacité physiognomonique lui faisait découvrir a quelque chose de merveilleux; et les traits, les principales altérations de l'homme, conservés dans les ouvrages de ce père de la médecine, sont d'une vérité, d'une précision, que l'on sait d'autant mieux apprécier et admirer, que l'on a fait plus de progrès dans la carrière de la médecine pratique.

II.

Cette sagacité, ce rapprochement rapide d'un ou plusieurs symptômes actuels, et l'enchaînement des événemens ultérieurs et de l'issue d'une maladie, est, dans tous les siècles, ce qui contribue le plus à la réputation d'un médecin.

Malheureusement cet avantage n'est pas inséparable d'un esprit peu élevé, ou d'hypothèses erronées et vulgaires, dont l'influence agit secrètement et à leur insu sur tels praticiens qui citent sans cesse leurs vingt ou trente années de pratique, en déclamant avec aigreur contre des réformes utiles et des notions exactes et récemment acquises sur l'homme physique, qu'ils qualifient de vaines théories.

III.

Tel fut Bouvart, qui se montra opposé à l'inoculation, et dont la doctrine médicale offrait un contraste si frappant avec ce coup d'œil rapide et exercé, cette faculté de prévision qui l'ont illustré, et qui trop souvent ne l'empêchèrent pas d'opposer des méthodes de traitement dangereuses ou inutiles, à ces maladies dont il savait si bien saisir, au premier coup d'œil, les traits les plus déliés et les détails physionomiques les moins apparens pour un œil moins exercé.

IV.

On est autant et plus médecin physionomiste, peut-être, par son caractère et la qualité particulière de son esprit que par ses connaissances et ses acquisitions.

Il y a un luxe d'instruction et une surcharge de connaissances qui nuisent quelquefois au développement des facultés particulières qui sont nécessaires aux médecins, et qui se trouvent en quelque sorte gênés et embarrassés par cette abondance, comme on l'a vu chez plusieurs docteurs d'ailleurs célèbres, et dignes de leur célébrité par leur mérite académique.

V.

La qualité d'esprit nécessaire pour se distinguer dans la physiognomonie médicale se rapproche beaucoup, par sa délicatesse et la rapidité de ses développemens, de cette autre qualité d'esprit que l'on appelle le *goût* dans la littérature et les arts, en vertu de laquelle on porte des jugemens devenus si prompts, si faciles et si sûrs par l'habitude de la comparaison, que l'on raisonne et juge à son insu, en ne croyant que sentir et voir.

VI.

Pour devenir un grand médecin, c'est-à-dire un habile physionomiste des maladies, il faut avoir des sens actifs, de l'imagination, et une tendance naturelle à l'esprit d'observation, qu'il faut développer et exercer de bonne heure, et lorsque l'organisation est encore assez jeune et assez docile pour se plier au genre particulier d'éducation que l'on veut donner à son ensemble ou à quelques-unes de ses parties.

VII.

Par une conséquence de ce qui précède, il est évident que l'établissement des écoles de médecine pratique ou clinique dans la nouvelle éducation médicale, est une des dispositions les plus utiles de cette éducation; et que, sauf un petit nombre d'exceptions, on ne devient pas plus médecin praticien à quarante ou cinquante ans, que musicien ou peintre.

École de Médecine de Paris, 14 septembre 1807.

LES ÉTUDES DE LA PHYSIONOMIE.

SIX TÊTES.

Parmi ces têtes, il n'en est aucune où l'on ne puisse remarquer quelque chose de faible, ou de trop tendu, ou un défaut d'harmonie.

1, 4 et 5, sont naturellement faibles et stupides.

2 était doué d'heureuses facultés intellectuelles ; 3 n'annonce qu'une tête ordinaire.

Le front du n° 6 est du nombre de ceux qui indiquent une disposition à passer du génie à la folie. La partie inférieure du nez, l'œil, la bouche et le menton, sont très-communs. On aperçoit au premier coup d'œil des ressorts trop fortement tendus.

Le 5ᵉ profil est frappant par sa trivialité : l'œil est visiblement distrait ; la bouche, et sur-tout la lèvre d'en bas, accompagnée d'un menton aussi émoussé, conviennent parfaitement à un front aussi vulgaire.

Mais la seconde de ces têtes est digne de fixer notre attention. J'y crois voir les traces d'un amour malheureux chez une personne qui sent ce qu'elle vaut, et qui nourrit un doux souvenir de l'objet aimé. Ce visage fut bien mieux dessiné par la nature

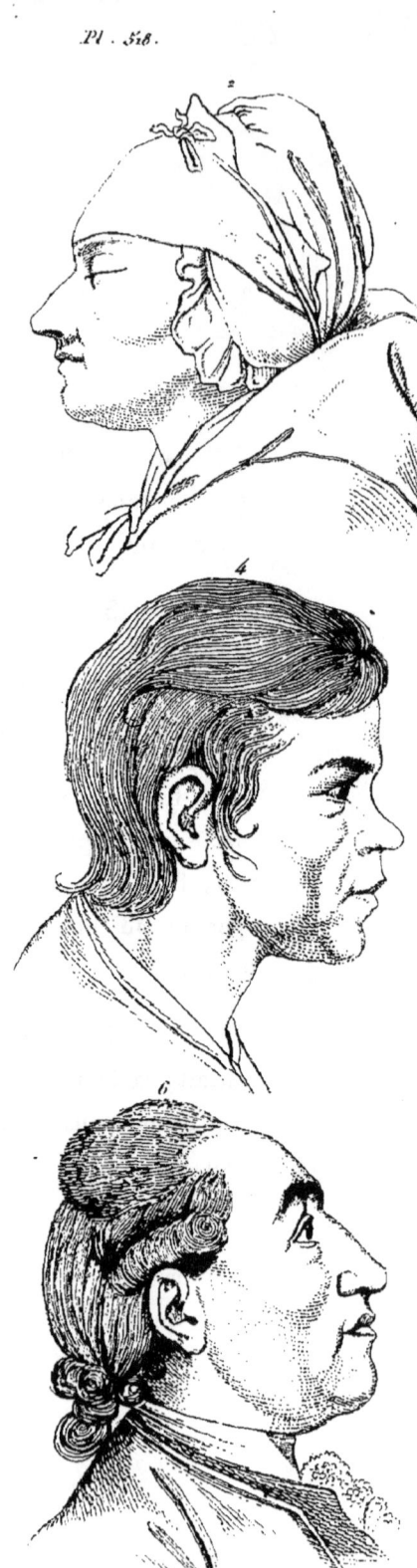

que son pendant n° 1, dont l'imbécillité est sur-tout visible dans les traits voisins de la bouche.

4 n'était guère susceptible de culture : quand un front et un nez pareils à ceux-ci se trouvent ensemble, ils indiquent toujours la nullité et l'obstination de la faiblesse.

5. Dans tout ce visage il n'y a rien de fortement prononcé, et cependant il est difficile de déterminer les signes qui indiquent sa faiblesse.

Voici les contours de douze visages d'idiots, où l'on n'a marqué ni les yeux, ni les linéamens. Quel de mes lecteurs chercherait, ou croirait trouver une expression de sagesse dans des profils de cette espèce ? Si les originaux étaient vivans parmi nous, en est-il un seul que nous voulussions choisir pour notre conseil ? Ne peut-on pas dire de chacun de ces profils, pris à part : « qu'un peintre qui en donnerait un semblable à Solon ou à Salomon, se couvrirait de ridicule et de honte ? » Un observateur exercé distinguera aisément dans cette suite de visages des idiots qui étaient naturellement tels, et d'autres qui probablement ne le sont devenus que par l'effet d'une maladie ou de quelque accident. Peut-être la 1ere de ces têtes a-t-elle été autrefois judicieuse ; mais la 3e, la 4, la 7, 8, 9 et 10e l'ont-elles jamais été, ou pourront-elles le devenir ? N'y aurait-il pas de l'affectation à s'écrier : « Je l'ignore, et comment le savoir ? serait-il impossible que Dieu eût donné un tel profil au philosophe qui inventa la Théorie de la lumière ? »

Tom. 8.	Pl. 519.

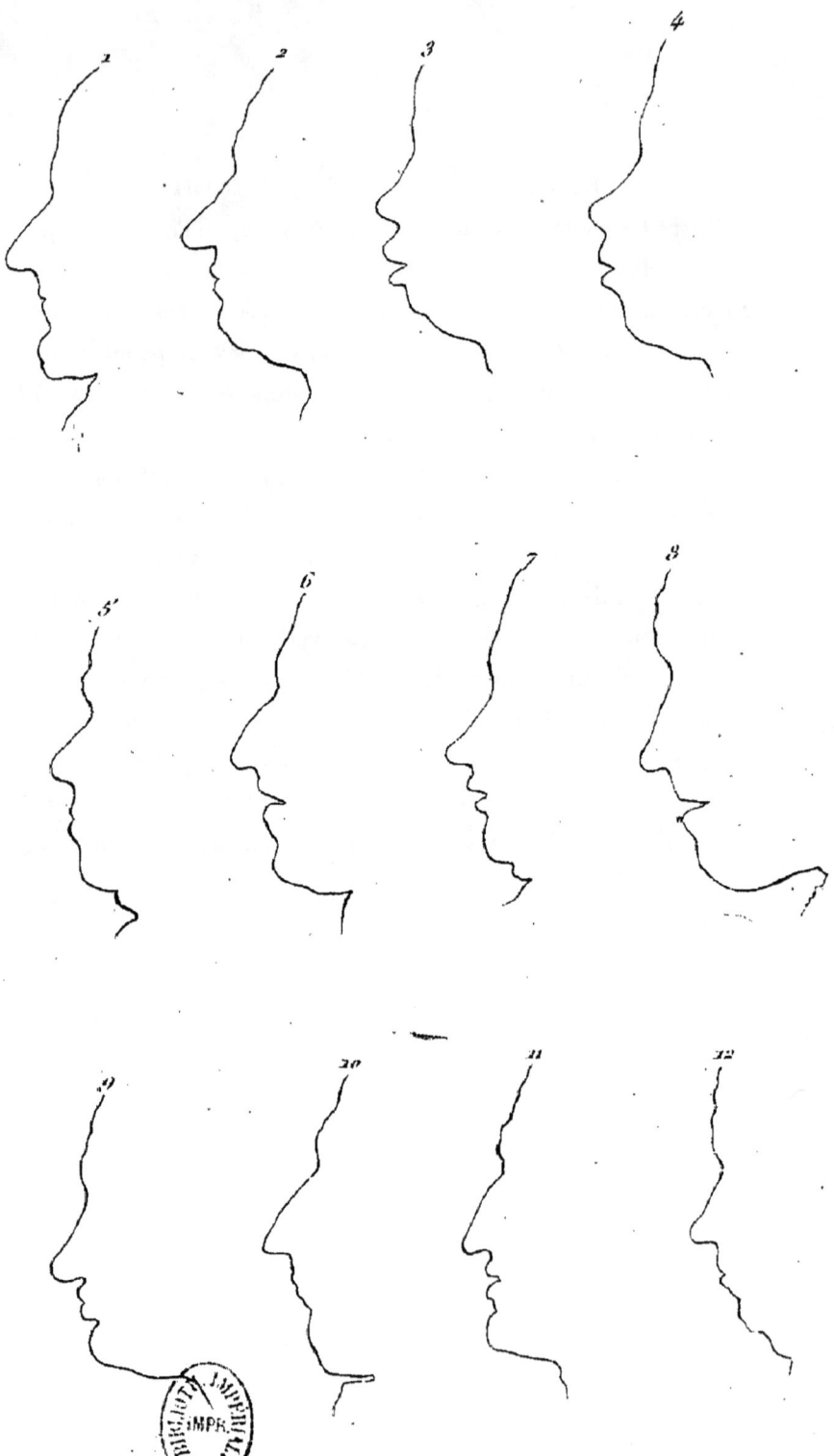

Ces profils ne sont que de fantaisie. On ne peut méconnaître dans le premier et le second un jugement exquis et des talens supérieurs, quoique d'un genre tout à fait différent; dans les deux autres une extrême faiblesse d'esprit, mais plus frappante encore dans le quatrième que dans celui qui le précède : l'impression qu'ils produisent est irrésistible comme celle de la voix de Dieu. Celui qui a le moins d'expérience et celui qui en a le plus en jugeront de même au premier coup d'œil et d'après une sorte d'instinct. Consultez le sentiment du vrai, la plus noble de nos facultés, sentiment que j'oserais nommer la *parole de Dieu*, qui se fait entendre à tous les hommes; consultez ce sentiment invincible qui précède le raisonnement, il prononcera aussitôt. Et sur quel fondement ? sur le geste, la mine, le regard ou le mouvement ? Non, sur un simple contour immobile, inanimé.

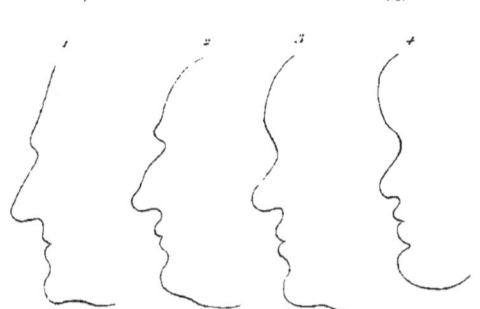

PORTRAITS DE DEUX HYPOCONDRIAQUES.

1. PORTRAIT d'un hypocondriaque qu'une longue suite de chagrins et de soucis rendit presque méconnaissable. Les yeux s'enfoncèrent et devinrent hagards ; les ailes du nez remontèrent ; le bout des lèvres s'affaissa ; les joues se creusèrent ; deux lignes perpendiculaires, placées entre les sourcils, immédiatement au-dessus du nez, s'agrandirent et produisirent plusieurs rides qui sillonnaient le front en travers ; en un mot, tous les traits se renforcèrent et demeurèrent long-temps dans cet état de contrainte.

2. Une situation aussi fâcheuse alarmait vivement une épouse qui l'aimait et qui en était aimée. Accoutumée à s'asseoir vis-à-vis de lui à table, elle le regardait sans cesse d'un œil de compassion. Elle étudiait soigneusement, et dévorait, pour ainsi dire, avec un intérêt avide chaque trait, chaque variation, chaque nuance qui semblaient présager la diminution ou l'accroissement du mal. Ses observations attentives l'avaient exercée à démêler tous les mouvemens qui agitaient l'esprit de son mari. Aucune lueur d'espérance, aucun nuage passager n'échappaient à sa tendresse vigilante. Qu'arriva-t-il à la fin ? Le spectacle touchant qui l'occupait sans relâche altéra sa physionomie, et finit par s'assimiler à celle

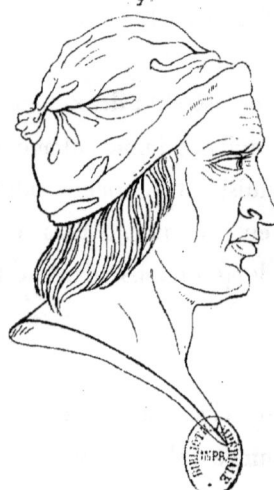
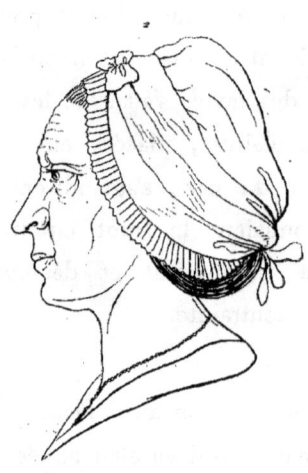

de son époux. Elle tomba dans la même maladie ; mais, par un traitement bien entendu, elle guérit bientôt. Le mari aussi se rétablit peu à peu : la femme fut au comble de la joie ; sa physionomie s'éclaircit, les traits de la mélancolie s'effacèrent, à quelques légères traces près. Dans la suite, cet heureux couple vécut en parfaite santé, et au bout d'un an la mère accoucha d'un fils qui ressemblait beaucoup à ses parens.

PROFIL D'UN PAUVRE INNOCENT.

2. C'est le profil exact d'un pauvre innocent, mort à l'âge de soixante ans. En tirant une ligne horizontale depuis les sourcils, la forme du crâne laisse entrevoir aussitôt un esprit extrêmement faible, mal partagé à tous égards, mais incapable de méchanceté. M. le professeur Munigks, de Groningue, auquel je suis redevable de ces têtes, m'en a communiqué les particularités suivantes :

« J'ai coupé la tête catagraphiquement, pour voir comment je trouverais le cerveau et la construction du crâne. Vous la voyez dans la première figure, et remarquerez que les sinus frontaux et sphéroïdaux sont si petits, qu'on les reconnaît à peine. Comparez-les ensuite avec ceux de la troisième figure, qui représentent uniquement le crâne sec, sans les parties molles, avec le dedans de deux chambres, savoir du cerveau et du cervelet, d'un homme de cinquante ans, mort dans la prison, où il avait été enfermé pour plusieurs petits vols et autres crimes; là vous trouverez une différence exorbitante, d'après laquelle le contour ou le profil de la tête, et la forme du cerveau, le siége de l'humanité, doivent nécessairement être conformés ou modelés. On ne trouva rien d'extraordinaire dans le cerveau de mon insensé, sinon que la glande pinéale était pétrifiée ou fortement endurcie; mais aussi j'ai trouvé cela dans les cerveaux des

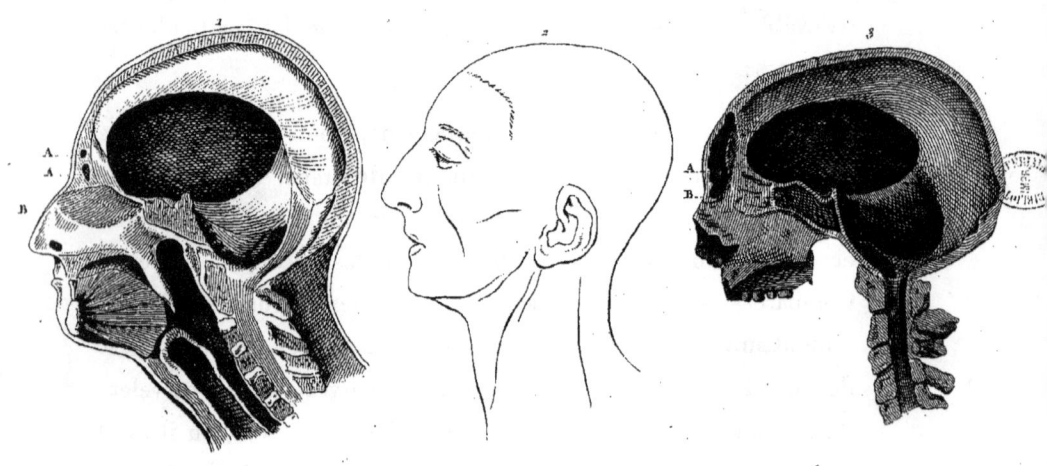

hommes qui avaient possédé assez de facultés intellectuelles et de talens. »

3 n'était certainement pas un génie, quoiqu'il diffère sensiblement du n° 2, sur-tout par la construction intérieure. Les têtes dont le crâne est aussi plat et le profil du front si peu marqué, peuvent avoir quelquefois assez de ruse pour suppléer à l'esprit; mais, à moins que ces défauts de conformation ne soient rachetés par d'autres parties du visage infiniment distinguées, elles atteindront rarement, ou plutôt elles n'atteindront jamais au véritable bon sens, et moins encore à la sagacité.

L'imbécillité est évidente dans le contour de la bouche et du menton n° 1. Le nez, n° 1, la fait ressortir davantage que le n° 2. Celui-ci, à l'exception de la petite narine, n'a rien de stupide, mais il suffit de le comparer avec le squelette n° 1 pour voir que la copie n° 2 a été embellie de beaucoup.

GROUPE DE TÊTES.

Connaisseurs, je vous invite à choisir dans ce groupe les têtes qui ne sont pas entièrement dénuées de raison. Et vous, amis de l'humanité, mettez à part celles qui méritent encore d'exciter votre tendresse. La plupart, me dira-t-on, sont des caricatures, des physionomies réprouvées, des idiots, des cerveaux dérangés : j'en conviens, et cela se voit aisément; mais il y a des différences à faire, et nous tâcherons de les indiquer.

Les trois figures du bas sont des imbécilles-nés, qui, en dépit de tous vos efforts, n'acquerront jamais l'usage de la saine raison. Plus le nez est aplati, plus l'intervalle qui sépare le nez de la bouche est arqué, plus cette courbure est unie et approche par conséquent de l'animal, plus enfin les coins des lèvres remontent ou s'affaissent, et plus il y a de brutalité dans le caractère.

Cette autre tête détraquée, qui est sur le devant et au-dessus du jeune garçon, paraît foncièrement bonne, mais très-faible, très-enfantine, et défigurée par des souffrances physiques. Le garçon lui-même n'a pas les dispositions d'un grand génie, mais il n'est pas né stupide.

Je tracerai encore rapidement les caractères de quelques-unes de ces physionomies, en laissant au lecteur le soin de faire les applications.

Il reconnaîtra sans peine le profil d'un moine bon vivant, léger, fade, content de sa condition, et suffisant sans prétention. A ses côtés vous trouverez deux entêtés, également durs, méchans et cruels. Vous remarquerez un profil assez délicat, dont l'opiniâtreté naturelle provient d'un mélange d'incapacité et de suffisance. De ses deux voisins, celui de la droite est un entêté bourru et grossier, l'autre n'est obstiné que par faiblesse. Plus loin vous voyez une physionomie revêche, fermée à la joie, vide d'idées, et peut-être voluptueuse. Le profil qui lui sert de pendant ne paraît pas sot : il annonce de la bonhomie, et, sans le raccourci du nez, il aurait un air plus réfléchi et plus mûr.

Vient ensuite une file de cinq imbécilles-nés, qui ne sont pas susceptibles de la moindre culture. La tête avancée qui contraste avec eux n'est devenue insipide que par les excès de la volupté : elle n'avait pas à se plaindre d'ailleurs des dons de la nature.

Parmi les dix ou douze figures d'en haut, il n'y en a qu'une seule qui semble déplacée dans cette société. La rangée du milieu est presque entièrement composée d'idiots, incapables d'énergie et de méchanceté : un seul d'entre eux pourrait être soupçonné de dureté et de malice, et on prendrait pour un homme à prétention celui qui a un clignotement. Vous distinguerez encore le profil d'un insensé, qui l'a été depuis le premier moment de sa vie, et qui, sans être proprement stupide, sera toujours mis dans la classe des esprits bornés et opiniâtres. Enfin, vous serez fâché de trouver dans ce groupe une jeune fille qui ne devrait pas y être, et qui intéresse par sa bonté et son ingénuité. Elle a pour voisin un bon fou, heureux de sa folie ; et la place à côté de celui-ci est occupée par un avare voluptueux.

SUPPLÉMENS,

Par L. J. Moreau (de la Sarthe), docteur en Médecine.

PREMIER SUPPLÉMENT.

QUELQUES REMARQUES GÉNÉRALES SUR LES PHYSIONOMIES DES FOUS, ET TRADUCTION LIBRE D'UN COMMENTAIRE DE LICHTENBERG SUR LA GRANDE GRAVURE D'HOGARTH, REPRÉSENTANT L'INTÉRIEUR DE L'HÔPITAL DE BEDLAM.

Les physionomies des fous et des idiots forment, dans le tableau général des physionomies morbifiques, un genre bien distinct, presque le seul dont Lavater ait parlé.

Joignons quelques remarques à ses observations.

La configuration de la tête et le caractère de la physionomie sont plus ou moins liés avec la folie et l'idiotisme, suivant que l'altération physique d'où dépend l'une ou l'autre de ces maladies de l'esprit est plus profonde et plus évidente.

Pour éviter toute méprise dans un genre de recherches aussi délicat et aussi difficile, M. Pinel a mesuré et comparé un grand nombre de têtes choisies, soit dans les collections du Muséum d'histoire naturelle, soit dans les cabinets de l'École de Médecine. Il a pris ensuite, à l'aide d'un compas courbe, les dimensions des têtes des diverses personnes de l'un et l'autre sexe qui ont été ou qui sont encore dans un état d'aliénation, sans pouvoir apercevoir un rapport constant et exclusif entre les crânes les plus alongés ou les plus courts, et la folie.

Les têtes nos 1 et 2 de la planche 524, ci-contre, sont tirées de l'ouvrage de ce célèbre professeur ; elles sont remarquables par un excès d'alongement et de rotondité dont il est impossible de rien conclure relativement à l'exercice des facultés intellectuelles. La tête à crâne alongé (*Voyez fig.* 1) est le portrait d'un maniaque âgé de quarante-deux ans, et guéri depuis environ sept ans. Son état de folie, sévère et mélancolique, ne peut être méconnu ; mais il est facile de voir que le caractère qui le signale, réside bien plutôt dans l'expression permanente de la physionomie que dans la configuration de la tête.

La tête figure 2, mise en opposition avec le portrait du maniaque, est celle d'un jeune homme mort à vingt-deux ans, et qui, malgré l'excessive rotondité de sa tête, était doué d'un jugement sain.

La diminution considérable de la largeur, une étendue considérable de face, qui fait contraste avec la petitesse du crâne, l'aplatissement latéral de la tête, sont les dispositions que l'on observe assez ordinairement chez les idiots de naissance, et on les attribue à presque tous les crétins du pays de Vaud. On a aussi remarqué que chez les idiots de naissance la tête était beaucoup plus petite ; et M. Pinel possède une tête d'idiote, morte à treize ans, et dont le volume égale à peine celui de la tête d'un enfant de trois ans.

Dans la tête vue de face, n° 3, et de profil, n° 4, on doit être nécessairement frappé, non seulement de l'expression stupide de tous les traits, mais de l'extrême disproportion entre l'étendue de la face et celle du crâne. Tout, dans cette tête, annonce d'ailleurs la plus grande nullité intellectuelle. Elle offre le portrait d'un idiot qui, je crois, se trouve encore à l'hospice des aliénés de Bicêtre. Cet être équivoque, qui semble placé par la nature aux derniers confins de la race humaine par les qualités physiques et morales, est fils d'un fermier. Il fut transféré à Paris par un gendarme. Il paraît que, pendant le voyage, on le conduisit attaché

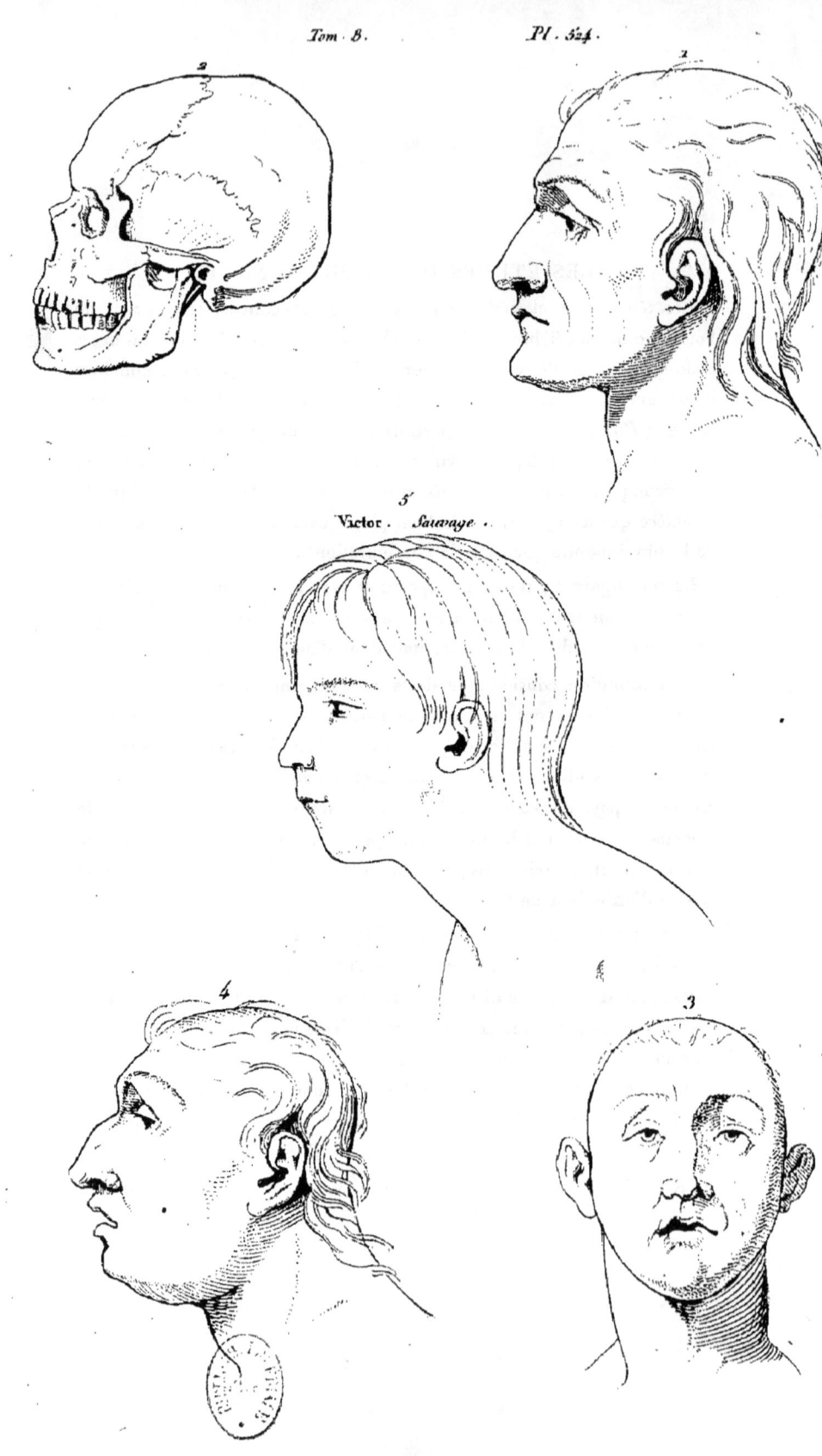

par le cou. Cet animal à figure humaine prononce souvent, et presque exclusivement, les mots *pain, soldat, Paris, cou.* Il ne conserve aucun souvenir de sa famille, et ne donne aucun signe de sensibilité morale.

Les principaux vices observés dans la conformation du crâne, et qui semblent en rapport avec l'idiotisme, sont, d'après les observations de M. Pinel, le défaut de symétrie entre la partie droite et la partie gauche de la tête, et la grande épaisseur des os du crâne, qui en diminue la capacité. (1)

J'ai été consulté, il y a quelque temps, pour un enfant de sept ans, idiot par un excès de mobilité nerveuse qui rend impossible toute espèce d'attention et de repos. J'ai cru remarquer que chez cet enfant le front est comme écrasé, et surmonté, au-dessus des sourcils, de saillies irrégulières et *éburnées* qui paraissent annoncer un développement très-considérable de la substance des os du crâne. (2)

La physionomie en repos, ou le caractère physionomique des aliénés,

---

(1) *Voyez* Traité médico-philosophique sur l'aliénation mentale, ou manie, par Ph. PINEL, page 119 et suiv.

(2) Mon honorable confrère, M. Dumas, professeur de l'École de médecine de Montpellier, m'a adressé, il y a quelque temps, la note ci-jointe, sur la configuration du crâne des épileptiques de naissance :

« En lisant votre nouvelle édition de LAVATER, j'ai été plusieurs fois tenté de vous écrire pour vous faire part d'une observation qui pourra me conduire à une découverte importante. Cette observation concerne l'angle facial chez les épileptiques dont la maladie dépend d'une altération incurable du cerveau. Cet angle est toujours au-dessous de 80 degrés, et descend jusqu'à 75, 72, 70, en se rapprochant ainsi de la mesure propre aux nègres. Je déduis de là un moyen pour distinguer les épilepsies incurables de celles qui ne le sont pas, etc. Je voulais rédiger mes observations sur ce point, et vous les adresser, en forme de lettres, dans la Décade ; mais elles se sont étendues, et je me propose maintenant de les suivre avec une nouvelle activité. »

varie suivant le genre de folie et la durée ou la force des accès. Souvent cette physionomie n'a rien d'irrégulier, et n'exprime qu'un état habituel d'exaltation dans les idées, ou une mélancolie profonde. Dans d'autres cas, l'irrégularité, le désordre des traits du visage, répondent à l'incohérence des idées, et le défaut d'harmonie et d'homogénéité est en général un indice de démence ou de disposition à la démence. Hogarth, qui visita sans doute plusieurs fois les habitans de Bedlam, a bien saisi toutes les nuances des différens genres d'aliénations, et nous croyons faire plaisir à nos lecteurs en mettant sous leurs yeux le tableau qu'il en a tracé dans l'histoire du libertin. Nous joignons à ce tableau le commentaire piquant et philosophique de Lichtenberg, dont nous devons la connaissance et la traduction à l'amitié de M. Stapfer, dont nous avons eu si souvent l'occasion de rappeler les services et l'obligeance aimable dans cet ouvrage.

« Le héros de ce tableau, M. Rekwel, se trouve ici après les fatigues et les agitations qu'il a éprouvées dans la maison de jeu où il a été ruiné, et dans la maison de prêt où il s'était ensuite réfugié un instant.

« Cette scène, lecteur, est une *sépulture de vivans....*, *un véritable enterrement moral.....* Mais, me direz-vous, Rekwel, se trouvant à Bedlam, est-il bien encore en Angleterre? Je ne sais trop que vous répondre, et il se pourrait bien que la philosophie ne fût pas assez avancée pour nous dire si ce qu'on appelle *eux* et *vous*, dans les cimetières de la raison, y sont autre chose que des marques de souvenir, des épitaphes placées sur des tombeaux..... — Juste ciel! quelle comparaison, quels rapprochemens se présentent à l'esprit entre un marbre éloquent placé par la tendresse et l'admiration sur les cendres du chef-d'œuvre de la création, et les cadavres de ce chef-d'œuvre attachés sur une paille fangeuse!.... Toutefois ce n'est pas le moment de nous livrer ici à de pénibles réflexions. — Entrons.

« Rekwel paraît dans ce tableau sur l'avant-scène, enchaîné et à la dernière place. On voit qu'il y a des rangs, des distinctions à Bedlam comme ailleurs : tous les fous ne sont pas enchaînés, et parmi les enchaînés il y a encore des degrés.

« Au milieu de ces catacombes où gît la raison humaine, les moins fous et les moins furieux peuvent se promener comme des ombres bienheureuses jusqu'à la grande grille qui sert de limite à une autre classe de fous plus fous.

« Rekwel appartenait d'abord sans doute à la classe paisible; mais, dans un moment de fureur ou de désespoir, il s'est donné un coup de couteau, et dès ce moment il a perdu ses droits à la liberté dont jouit la petite république dont nous voyons les citoyens occupés de diverses manières.

« L'artiste a choisi le moment de cette grande révolution. Le regard des condamnés est indéfinissable. On ne conçoit pas comment Gilping a pu trouver cette figure insignifiante. M. Mortimer, célèbre peintre, en a bien jugé autrement. On l'avait chargé de traduire par la peinture ce passage de Gray, dans son ode sur Eston (voyez le chagrin à son comble, le délire riant d'une manière féroce, au sein de la plus affreuse misère), il fut chercher la gravure d'Hogarth, que nous commentons, et répondit : Tout est exprimé ici dans la tête de Rekwel. Si je ne l'avais vue, je n'aurais pu croire que l'on pût exprimer sur le même visage des passions aussi opposées.

« Dans la femme posée à genoux derrière Rekwel, on voit Sara Yonc, son amante toujours fidèle, quoique abandonnée.

« M. Gilping blâme ce trait. Il a peut-être raison comme ecclésiastique. Mais, M. Gilping, pourrait-on lui dire, le cœur ne prend pas conseil du catéchisme; et un véritable attachement, celui d'une femme douce, sensible, ne peut être détruit qu'avec le temps, et se ranime par le malheur de l'objet aimé. Blâmez, si vous vous voulez comme prêtre, mais ne dites pas que le peintre s'est écarté de la nature.

« Le gardien, placé debout près de Sara, est touché de son émotion; il cherche à lui dérober le visage de Rekwel avec une sollicitude qui fait honneur à ses sentimens, et l'on aime à voir que les mains de cet homme n'aient pas désappris tous mouvemens de compassion.

« Parmi les différentes cellules, quelques-unes sont fermées. Arrêtons nos regards sur celles qui sont ouvertes. Dans celle n° 54 habite le fanatisme et la superstition. Dans celle n° 55 la folie qui bâtit des châteaux en Espagne. Si dans la cellule n° 5o, qui est fermée, demeurait l'amour malheureux, on verrait réunies les loges les plus recherchées de Bedlam.

« Un regard jeté sur les autres loges rend toute réflexion inutile. Hogarth a donné pour compagnie au dévot, dont la toilette rappelle un peu celle de Diogène, trois images de saints, sans laisser entendre si quelques traits de la vie de ces bienheureux l'ont porté à loger ainsi leurs effigies.

« Plus loin nous voyons, assis sur un trône de paille, le fou par ambition, le maniaque politique; tout est léger, aérien autour de lui, excepté son sceptre. Au devant de ce roi tout nu sont deux dames de la cour; elles obtiennent audience. L'une se rapproche de l'autre, et trouve de cette manière assez de force pour voir ce dont la seule idée l'eût d'abord fait reculer.

« Les enterrés que nous voyons ici sortent quelquefois comme les ombres de leurs tombeaux, et font les revenans, avec cette différence que les morts qui n'ont plus qu'une ame sortent la nuit, et que les morts sans ame sortent le jour. Hogarth ne nous montre que six de ces spectres diurnes et libres, et on lui en ferait un reproche, si ses autres ouvrages, consacrés à la peinture des erreurs et des travers de l'humanité, ne nous offraient pas un si grand nombre de *bedlamistes in partibus*, errans dans la société. Arrêtons d'ailleurs nos regards sur le trio que nous apercevons ici, et qui ne ressemble pas trop mal aux trois vertus théologales, la foi, l'espérance et l'amour.

« La foi, avec sa triple croix et sa simple couronne, chante la messe avec une voix de mouton, que l'on ne paraît guère entendre dans le voisinage. L'espérance joue gaiement du violon; l'amour, attaché sur le signe qui lui rappelle son objet, est plongé dans la plus profonde mélancolie; la bouche entièrement fermée, semble se refuser à dire un sentiment qui ne peut être exprimé. Les mains si fortement jointes, viennent de graver le nom d'une maîtresse adorée, sur l'arbre qui jadis descendit de la forêt pour former la rampe de l'escalier.

« Le virtuose qui joue si impitoyablement du violon et qui est coiffé avec une partition de musique, porte une quantité de bagues, on ne sait trop pourquoi, mais assurément d'après un usage qui, ainsi que d'autres modes, s'observent ailleurs qu'à Bedlam.

« Le mur entre les nos 54 et 55 offre un aspect tout à fait savant. C'est l'ouvrage et le tableau des espérances chimériques de deux fous qui demandent à la science des découvertes aussi réelles que celle de la pierre philosophale. Un tailleur, bouffi d'orgueil et également devenu fou par quelque autre travers, se moque de ses confrères : autre scène que l'on voit ailleurs qu'à Bedlam. »

Nous joignons à ce tableau un peu détaillé des principaux genres de folies que l'on peut observer à Bedlam ou à Charenton, le portrait du jeune Sauvage de l'Aveyron (1), dont le traitement moral, entrepris il y a quelques années par M. Itard, docteur en médecine, a enrichi la philosophie de résultats infiniment curieux, et successivement publiés

---

(1) Ce sauvage, que depuis on a appelé Victor (*Voyez* la pl. 524, *fig.* 5), fut entrevu pour la première fois dans le bois de la Caune, entièrement nu, cherchant du gland et des racines, dont il faisait sa nourriture. Vers la fin de 1799, il fut rencontré par trois chasseurs, qui s'en saisirent au moment où il grimpait sur un arbre. On le conduisit dans un hameau, d'où il s'évada au bout d'une semaine, et gagna les montagnes, dans lesquelles il erra, presque nu, pendant un froid rigoureux. Repris plus tard, il fut amené à Paris vers la fin de 1800. Une curiosité peu éclairée l'y attendait, et fut de courte durée. On s'attendait à voir un sauvage d'opéra, bien étonné, faisant les plus jolis tours, et ne tardant pas à raconter son histoire. Au lieu de tout cela, on ne vit qu'un pauvre enfant, stupide, agité sans cesse de mouvemens convulsifs, se balançant comme l'*ours blanc* de la Ménagerie, mordant, égratignant, sans intérêt et sans attention. On accourut en foule; on le vit sans l'observer, on le jugea sans le connaître, et bientôt l'on n'en parla plus. Tel fut l'Émile que se choisit M. Itard. Il s'attacha, dans la pénible éducation qu'il lui a donnée, 1° à développer sa sensibilité physique, tantôt par les stimulans, tantôt par des émotions; 2° à développer et à étendre ses idées par de nouveaux besoins et de nouveaux rapports; 3° à faire des essais des organes de la parole, en forçant l'élève à l'imitation par la loi de la nécessité; 4° à exercer les plus simples opérations de l'entendement sur les objets de besoins les plus urgens, et ensuite à étendre ces opérations à des objets d'instruction. Les résultats que M. Itard avait obtenus lorsqu'il publia son premier rapport étaient assez satisfaisans: l'humeur vagabonde de Victor était un peu appaisée; sa sensibilité physique, engourdie et presque nulle, se développa, sur-tout par l'action de la chaleur, les frictions et les bains, etc. L'attention, la mémoire, entrèrent en exercice au milieu d'ébats et de jeux bien choisis; quelques goûts et quelques affections se sont formés; l'organe de l'ouïe s'étant très-lentement développé, on parvint difficilement à faire articuler quelques sons, tels que *lait, la, li, oh Dieu,* etc. Le mot *lait* fut plutôt prononcé comme exclamation de joie que comme signe de besoin. M. Itard pense que les essais qui furent faits souvent dans la suite pour prononcer *Ni-Ni* avec quelque douceur, n'étaient pas, de la part du sauvage devenu pubère, sans intention en faveur du nom

sous ces titres : *De l'éducation d'un homme sauvage, ou des Développemens physiques et moraux du jeune Sauvage de l'Aveyron*, 1801, par M. Itard, médecin des Sourds-Muets; *Rapport sur le Sau-*

de Julie, jeune demoiselle de onze à douze ans, qui venait voir souvent Mme Guérin, gouvernante de Victor.

La sensibilité morale du Sauvage de l'Aveyron s'est d'ailleurs assez visiblement développée pendant une éducation de neuf mois. Cet enfant est parvenu à rire et à pleurer; il témoigne de l'attachement à Mme Guérin, sa gouvernante, et à M. Itard; il connaît le charme et le pouvoir des caresses; il s'amuse ou s'ennuie; le fait voir; et pour les congédier, présente aux curieux qui le fatiguent leur canne et leur chapeau. Il excelle dans le langage des gestes.

« On peut conclure de mes observations, dit M. Itard, que l'enfant connu sous le nom de Sauvage de l'Aveyron est doué du libre exercice de tous ses sens; qu'il donne des preuves continuelles d'attention, de réminiscence, de mémoire; qu'il peut comparer, discerner et juger, appliquer enfin toutes les facultés de son entendement à des objets relatifs à son instruction. On remarquera comme un point essentiel que ces changemens heureux sont survenus, dans le court espace de neuf mois, chez un sujet que l'on croyait incapable d'attention; et l'on en conclura que son éducation est possible, si même elle n'est pas déjà garantie par ces premiers succès, indépendamment de ceux qu'on doit nécessairement espérer du temps, qui, dans sa marche invariable, semble donner à l'enfance, en forces et en développemens, tout ce qu'il ôte à l'homme au déclin de la vie. »

Les faits rapportés dans le second Mémoire de M. Itard l'ont porté à le terminer par ces conclusions adressées au ministre de l'intérieur :

« Telle est l'histoire des changemens survenus dans le système des facultés affectives du Sauvage de l'Aveyron. Cette section termine nécessairement tous les faits relatifs au développement de mon élève pendant l'espace de quatre années. Un grand nombre de ces faits déposent en faveur de sa perfectibilité, tandis que d'autres semblent l'infirmer. Je me suis fait un devoir de les présenter sans distinction, les uns comme les autres, et de raconter avec la même vérité mes revers comme mes succès. Cette étonnante variété dans les résultats rend, en quelque façon, incertaine l'opinion qu'on peut se former de ce jeune

vage de *l'Aveyron*, fait au ministre de *l'intérieur*, par M. Itard, en 1807.

Ce portrait (*Voyez fig. 5, pl.* 524) n'a pas besoin, je crois, de commentaire, et on ne peut guère y méconnaître une expression dominante de *sauvagerie*, d'étonnement mêlé d'inquiétude, et sur-tout

---

homme, et jette une sorte de désaccord dans les conséquences qui se présentent à la suite des faits exposés dans ce mémoire. Ainsi, en rapprochant ceux qui se trouvent disséminés dans les paragraphes VI, VII, XVIII, XX, XLI, LIII et LIV, on ne peut s'empêcher d'en conclure, 1° que, par une suite de la nullité presque absolue des organes de l'ouïe et de la parole, l'éducation de ce jeune homme est encore et doit être à jamais incomplète; 2° que, par une suite de leur longue inaction, les facultés intellectuelles se développent d'une manière lente et pénible; et que ce développement, qui, dans les enfans élevés en civilisation, est le fruit naturel du temps et des circonstances, est ici le résultat lent et laborieux d'une éducation toute agissante, dont les moyens les plus puissans s'usent à obtenir les plus petits effets; 3° que les facultés affectives, sortant avec la même lenteur de leur long engourdissement, se trouvent subordonnées, dans leur application, à un profond sentiment d'égoïsme, et que la puberté, au lieu de leur avoir imprimé un grand mouvement d'expansion, semble ne s'être fortement prononcée que pour prouver que, s'il existe dans l'homme une relation entre les besoins de ses sens et les affections de son cœur, cet accord sympathique est, comme la plupart des passions grandes et généreuses, l'heureux fruit de son éducation.

« Mais si l'on récapitule les changemens heureux survenus dans l'état de ce jeune homme, et particulièrement les faits consignés dans les paragraphes IX, X, XI, XII, XIV, XXI, XXV, XXVIII, XXX, XXXI, XXXII, XXXIII, XXXIV, XXXV, XXXVII, XXXVIII, XLIV, XLV, XLVI, XLVII et XLIX, on ne peut manquer d'envisager son éducation sous un point de vue plus favorable, et d'admettre, comme conclusions rigoureusement justes, 1° que le perfectionnement de la vue et du toucher, et les nouvelles jouissances du sens du goût, en multipliant les sensations et les idées de notre Sauvage, ont puissamment contribué au développement des facultés intellectuelles; 2° qu'en considérant ce développement dans toute son étendue, on trouve, entre autres changemens heureux, la connaissance de la valeur conventionnelle des signes de la pensée,

d'une mobilité excessive, d'un défaut d'attention, et d'une faiblesse intellectuelle, indiquée par l'étendue, la saillie et la convexité de la lèvre supérieure. Les marques que l'on voit à la tête et au front sont des cicatrices de blessures que ce jeune sauvage s'était faites au milieu des accidens et des hasards de sa vie passée dans les forêts.

---

l'application de cette connaissance à la désignation des objets et à l'énonciation de leurs qualités et de leurs actions, d'où l'étendue des relations de l'élève avec les personnes qui l'environnent, la faculté de leur exprimer ses besoins, d'en recevoir des ordres et de faire avec elles un libre et continuel échange de pensées; 3° que, malgré son goût immodéré pour la liberté des champs, et son indifférence pour la plupart des jouissances de la vie sociale, Victor se montre reconnaissant des soins qu'on prend de lui, susceptible d'une amitié caressante, sensible au plaisir de bien faire, honteux de ses méprises et repentant de ses emportemens; 4° et qu'enfin, sous quelque point de vue qu'on envisage cette longue expérience, soit qu'on la considère comme l'éducation méthodique d'un homme sauvage, soit qu'on se borne à la regarder comme le traitement physique et moral d'un de ces êtres disgraciés par la nature, rejetés par la société, et abandonnés par la médecine, les soins qu'on a pris de lui, ceux qu'on lui doit encore, les changemens qui sont survenus, ceux qu'on peut espérer, la voix de l'humanité, l'intérêt qu'inspire un abandon aussi absolu et une destinée aussi bizarre, tout recommande ce jeune homme extraordinaire à l'attention des savans, à la sollicitude de nos administrateurs, et à la protection du gouvernement.

SECOND SUPPLÉMENT.

CONSIDÉRATIONS GÉNÉRALES SUR LA PHYSIOGNOMONIE DE L'HOMME MALADE,
ET ESQUISSE D'UNE PHYSIOGNOMONIE MÉDICALE GÉNÉRALE.

Lavater, entièrement étranger, non seulement aux vérités générales de la médecine, mais aux plus simples notions de la physiologie et de l'histoire naturelle de l'homme, a donné à peine un coup d'œil à la physiognomonie médicale. Il serait trop long, trop difficile sur-tout, de remplir dans ces supplémens les lacunes qui se trouvent dans son ouvrage. Il nous suffira d'en montrer le plus grand nombre, et d'y jeter de loin en loin, à la manière de Bacon, quelques vérités principales, quelques traits généraux, tout ce qui ne peut être aperçu que de loin dans le sujet que nous traitons, c'est-à-dire, ses sommités les plus élevées et ses points de vue les plus frappans et les plus remarquables.

L'étude de la physionomie de l'homme malade est immense et dans son étendue et dans la variété de ses détails. Presque tous les sens de l'observateur prennent part à cette physiognomonie particulière, où l'on peut dire que l'observateur emploie à la fois, et comme contre-épreuves les unes des autres, les manières différentes d'observer et d'interroger la nature par la vue (1), l'ouïe (2), l'odorat (3), le toucher (4), à chacun

---

(1) La physiognomonie médicale proprement dite, l'observation des différentes excrétions, et principalement l'uroscopie.

(2) L'ensemble des signes qui se rapportent à la percussion des différentes parties du corps, et principalement de la poitrine, si bien appréciés par Avenbruger et par M. Corvisart.

(3) L'examen des odeurs souvent très-expressives et d'une signification non équivoque.

(4) Recherches sur le pouls, etc. etc.

PHYSIOGNOMONIE DES MALADES.

desquels répondent diverses séries de symptômes et d'indications, qui toutes contribuent à annoncer la nature générale, la nuance propre ou individuelle, l'époque de la maladie, et même les événemens qui pendant sa durée doivent se succéder avec plus ou moins de régularité.

Ce n'est pas seulement le visage du malade ou quelque autre partie extérieure qui présentent un aussi grand nombre de sujets d'observation ; le médecin (1) donne bien plus d'étendue à ses recherches, et l'homme, qui en général a tant de manières de souffrir et d'être malheureux, a été considéré dans l'état de maladie, non seulement par toutes les faces et dans tous les changemens et les altérations de son extérieur, mais aussi dans tout ce que pouvaient avoir d'accessible aux sens ses fonctions intérieures (2), et même jusque dans des substances et des produits jetés hors de l'empire de la vie, sur le bon ou le mauvais état duquel on les interroge quelquefois avec tant d'avantage. (3)

---

(1) Nous comprenons dans la physiognomonie médicale la connaissance du diagnostic et du pronostic.

(2) La circulation, la respiration, la digestion, etc.

(3) Les personnes les plus étrangères à la médecine n'ignorent point avec quel soin et avec quelle attention les médecins examinent, dans les maladies, ces produits rejetés de l'organisation, tels que les urines, les déjections alvines, les crachats. L'uroscopie, dont quelques charlatans connus sous le nom de médecins des urines, ou jugeurs d'eau, abusent et font leur patrimoine, souvent sans y rien connaître, appartient à cette classe de signes et de caractères tirés des qualités diverses des excrétions dans les maladies. Les déjections alvines attirent en général plus l'attention des médecins que les autres excrétions.

Un médecin recommandable de Montpellier, Fitz-Gérard, allait souvent dans les lieux écartés, aux environs de la citadelle, où les soldats ont coutume de déposer leurs excrémens. « Le professeur, dit Bordeu qui rapporte ce fait, nous menait avec lui, et prétendait décider l'épidémie et les maladies populaires à la couleur et à la consistance des matières. Il faisait remarquer comment la bile noire, verte ou jaune, prenait souvent le

La physiognomonie médicale, plus sûre d'ailleurs dans ses décisions que la physiognomonie générale, emploie donc en outre des signes plus variés, un langage plus composé et une observation moins superficielle de l'organisation. C'est la partie essentielle de l'art de guérir, cette partie qui fait le grand praticien, et qui malheureusement ne peut être traditionnelle. « Je ne serais pas étonné, dit à ce sujet l'auteur estimable de l'Histoire naturelle de l'Homme malade, que certains médecins crussent, ainsi qu'il est arrivé à quelques philosophes, avoir à leur service un démon familier. Qu'était-ce que ce démon familier dans ces philosophes ? Un tact fin, délicat, en conséquence duquel ils appréciaient plusieurs circonstances subtiles, certains phénomènes fugitifs : appréciation qui était souvent justifiée par l'événement. Pour le médecin, ce démon sera précisément la même chose, toutes les fois qu'il ne pourra se rendre un compte précis de ce qui le détermine invinciblement, soit dans son pronostic, soit dans sa pratique. C'est un tact fin, délicat; c'est un usage habituel si délié, si continu, de tous ses sens; c'est un coup d'œil fondé sur des choses si inexplicables, si difficiles à saisir, si difficiles à rendre, que le médecin ne peut se faire entendre qu'à l'homme aussi expérimenté que lui-même. » (1)

Telle est en effet la physiognomonie médicale : pour y exceller, il faut à la fois les dispositions naturelles, l'*influence secrète du ciel*, et le

---

dessus, ainsi que le sang hémorroïdal ; comment la constipation ou le dévoiement gagnait le peuple ; comment les digestions étaient plus ou moins parfaites, sur-tout les jours de fête où l'on avait bu, et suivant les révolutions des saisons. Il prétendait que par cette inspection on pouvait décider du tempérament, de l'âge, de la constitution régnante, des passions dominantes, du bonheur ou du malheur du peuple. » *Voyez* BORDEU, Analyse médicinale du sang, pag. 511 et 512.

(1) CLERC, Histoire naturelle de l'homme malade, vol. I, page 185.

PHYSIOGNOMONIE DES MALADES.

meilleur emploi de cette influence, de ces dispositions; l'expérience éclairée, l'habitude de voir sans cesse les malades dans toutes les variétés de leurs situations, avec l'intérêt du médecin et la sensibilité de l'homme. Hippocrate est regardé avec raison comme le médecin qui a porté le plus loin la physiognomonie médicale. Ses aphorismes, ses prédictions d'après les principaux caractères des maladies, ses sentences sur la liaison de leurs phénomènes, sur la signification salutaire ou funeste de certains symptômes, sont presque autant d'oracles que la nature semble lui avoir fait connaître, et qui, malgré la différence des temps et des lieux, se trouvent encore aujourd'hui d'accord avec l'expérience et l'observation des médecins les plus habiles.

Ce n'est sûrement pas s'abandonner à l'enthousiasme ni à un respect superstitieux pour l'antiquité, que de juger ainsi le père de la médecine, que de penser même, d'après des monumens dont il est facile de sentir l'insuffisance (1), que nul observateur d'un autre âge de la médecine ait surpassé ou même égalé Hippocrate, vu, décrit, apprécié avec la même sagacité, les modifications sans nombre de l'homme malade, cette foule de symptômes dont chacun a sa valeur particulière d'expression; cette foule d'altérations, de décompositions dans les formes et les fonctions du corps humain; en un mot, cette variété de phénomènes auxquels se rattachent, pendant le cours des maladies, tant d'inquiétudes et d'espérances, de désirs et de craintes, d'événemens heureux ou malheureux, depuis une hémorragie du nez ou une légère sueur, jusqu'à cet état voisin de la dernière heure, que signale la physionomie appelée *cada-*

---

(1) Les ouvrages du médecin le plus habile et le plus exercé dans l'art de rendre avec précision les résultats de son observation, ne peuvent contenir qu'une bien petite partie de son expérience. Ce qui le faisait grand praticien n'est guère traditionnel, et entre avec lui dans la tombe.

véreuse, parce qu'en effet elle a déjà quelque chose des horreurs de la destruction, dont elle offre le sinistre présage.

Galien porta aussi très-loin l'art de connaître les hommes malades par la physionomie. Il prédit, par exemple, au philosophe Eudemus, le jour et le mode de terminaison de sa maladie ; et à un sénateur, que sa fièvre, pour laquelle il le consultait, devait cesser le sixième jour, reparaître le quatorzième, et se terminer le dix-septième par une sueur.

Dans une autre circonstance, on assure qu'il annonça qu'un jeune homme, que l'on voulait saigner, était sur le point d'avoir une hémorragie au nez, qui serait critique ; et que, pendant que ses confrères tournaient sa prédiction en ridicule, il reçut lui-même dans un vase le sang qui jaillit presque aussitôt de la narine droite.

Cette sagacité fit souvent traiter Galien d'homme divin, de prophète ; on disait qu'Apollon l'avait choisi pour rendre ses oracles aux malades ; et leur révéler et le temps et les moyens de leur guérison.

Ces observations physiognomoniques d'Hippocrate, de Galien, et des observateurs des principaux âges de la médecine jusqu'en 1700, ont été rassemblés par Prosper Alpin, médecin du dix-septième siècle, sous ce titre imposant et bien justifié : *Sept livres de présages sur la vie et sur la mort des malades.* Cette collection est sans doute une des plus riches que possède la médecine dans ce genre, et doit être préférée aux ouvrages plus modernes de Wichmann, Dreyssic, Broussonnet, etc. (1) L'auteur a

---

(1) Nous n'avons pas cru devoir faire une mention particulière de l'ouvrage publié par Helvétius sous le titre bizarre de *Microscope médical de physiognomonie*, ouvrage incomplet, qui se borne à la description des tempéramens, des maladies et des remèdes qui répondent aux constellations de Jupiter, Saturne, Mars, Vénus, Mercure, le Soleil et la Lune.

rangé les différens faits qu'il a recueillis, avec l'intention d'en faire reconnaître la nature, et de les rattacher aux principes de la physiologie de son temps. Cette méthode, la seule que l'on puisse adopter, doit être reprise aujourd'hui, retouchée, remaniée en quelque sorte, et perfectionnée d'après l'état présent des sciences physiologiques. C'est par un semblable travail que nous regardons comme possible de donner à la physiognomonie médicale la forme d'une véritable science, d'un corps de doctrine, en rapportant, à l'aide de l'analyse anatomique et physiologique, les différens symptômes des maladies, soit aux fonctions et aux propriétés vitales dont ils sont des dérangemens, soit aux organes qui en sont le siége, soit enfin aux élémens organisés qu'ils attaquent, directement ou par relation sympathique, irrégulière, et non calculable, soit par relation régulière et prévue. C'est d'après ces vues et l'état présent des connaissances acquises sur les lois et la structure des êtres organisés, que nous avons tracé à grands traits l'esquisse suivante d'une physiognomonie médicale, dans laquelle nous n'indiquons pour ainsi dire que les masses et quelquefois même les places, les rangs des faits, et la direction de la chaîne qui les unit.

Les observations et les faits que comprend la physiognomonie médicale générale peuvent être rapportés, si on les distribue d'après une analyse physiologique, aux articles suivans.

ARTICLE PREMIER.

SYMPTÔMES QUI SE RAPPORTENT A L'ÉTAT EXTÉRIEUR DU CORPS ET AUX SURFACES DE L'ORGANISATION.

Cet article peut être regardé comme une histoire naturelle de l'homme malade. Nous croyons qu'il faut y rapporter les symptômes que constituent la diminution ou l'augmentation de volume du corps dans les maladies, son amaigrissement partiel (1) ou général, sa restauration plus ou moins prompte dans la convalescence, tout changement de forme d'autant plus fâcheux qu'il est plus marqué et plus subit, et les nombreuses modifications qu'éprouvent la couleur, l'odeur de la peau, sa sécheresse, sa chaleur, son aridité, son humidité, sa mollesse, etc.

ARTICLE II.

SYMPTÔMES QUI SE RAPPORTENT A L'ÉTAT DES MUSCLES ET A LA CONTRACTION.

Les muscles et la contraction, susceptibles par eux-mêmes d'un grand nombre de dérangemens, prennent part en outre à ceux des autres organes, et leurs lésions primitives ou secondaires donnent lieu à une très-grande variété de symptômes. Tels sont principalement l'état des forces indiqué par le *decubitus* (2), l'évanouissement (3), le frisson, *l'horripilation*, l'engourdissement, *l'adynamie* (ou prostration des forces), *l'ataxie*, les convulsions, le spasme général, les spasmes

---

(1) Dans plusieurs maladies lentes et par causes organiques, l'amaigrissement n'est pas uniforme ni général. Souvent les membres supérieurs et la poitrine sont appauvris et décharnés lorsque la partie inférieure du corps conserve quelque embonpoint : ce qui m'a paru avoir principalement lieu lorsque le siége de la maladie est au-dessus du diaphragme, ou seulement au-dessus des intestins et de la circulation abdominale.

(2) La manière d'être de l'homme couché, qui indique, non seulement l'état des forces, mais quelquefois le siége de la maladie.

(3) L'évanouissement ou syncope a lieu lorsque le cœur, cessant tout à coup de battre, n'agit plus sur le cerveau, qui, cessant à son tour de réagir sur les muscles, occasionne momentanément leur inaction.

PHYSIOGNOMONIE DES MALADES.

partiels, ceux des articulations que l'on appelle soubresauts des tendons la petite agitation du bras et des doigts que l'on observe chez les mourans, qui font la chasse aux mouches et pincent leur couverture. (1)

ARTICLE III.

SYMPTÔMES QUI SE RAPPORTENT A L'ÉTAT DES SENS, DU CERVEAU ET DE L'ACTION NERVEUSE.

L'ÉTAT de la sensibilité en général, la force des douleurs, le nombre, la violence des plaintes, forment différens symptômes qui révèlent le tempérament du malade, et la part que ce tempérament peut prendre à la maladie; il est souvent assez difficile d'apprécier ces différences à la première vue, et de reconnaître une maladie quelquefois assez simple à travers un appareil alarmant de cris, de gémissemens, d'agitations. Quelques hommes n'ont pas assez de courage pour souffrir la douleur la plus légère, et on n'aperçoit jamais de rapport entre leurs plaintes et leurs maux. D'autres, au contraire, se plaignent à peine : leur imagination stoïque ou leur caractère naturellement gai, ne laisse à une souffrance physique que ce qu'ils ne peuvent lui ôter, et conservent la tranquillité de leur ame au milieu des douleurs les plus vives.

Cardan, comme on sait, oubliait ses douleurs de goutte en se réfugiant dans la profondeur de ses méditations; les martyrs de toutes les religions fatiguaient ainsi, sans se plaindre, la fureur des bourreaux; et Scarron, par une autre voie, par sa gaieté naturelle, paraissait quelque-

---

(1) M. Engel, dans sa *Mimique*, donne des éloges à une actrice de Berlin, qui, obligée de mourir dans son rôle, n'avait pris dans la pantomime effrayante des mourans que cette gesticulation involontaire, présage certain d'une mort prochaine.

fois insensible à des souffrances très-fortes; de manière, dit Zimmermann, que son ame semblait faire ses fonctions indépendamment du corps, et rester inébranlable sur les ruines de la machine qu'elle animait. (1)

La nature particulière, les forces, le caractère propre de quelques douleurs servent à signaler différentes maladies : ainsi on a distingué plusieurs sortes de douleurs; la douleur pulsative, la douleur gravative, les douleurs tensives, pungitives, aiguës, vagues, permanentes, périodiques, etc. On a cru dans ces derniers temps, et depuis que l'analyse a fait reconnaître deux foyers d'actions nerveuses, que les douleurs des organes qui reçoivent principalement leurs nerfs du grand sympathique avaient un caractère particulier. Les effets des douleurs physiques et ceux des douleurs morales, qu'il est si important de ne pas confondre, ne portent pas sur les mêmes organes.

Les effets des douleurs physiques sont extérieurs et se dirigent sur les muscles; ils donnent lieu, quand ils sont très-forts, aux spasmes et aux convulsions. La douleur morale, quand elle est également à son comble, produit la syncope, et son effet physique a pour siége le cœur et les organes intérieurs, principalement le diaphragme et l'estomac.

Il y a dans les maladies des douleurs salutaires et des douleurs dangereuses et de mauvais présage.

Les symptômes relatifs aux sens et au cerveau sont l'augmentation ou la diminution de leur activité pendant les maladies; la surdité momentanée ou la perte également momentanée de l'odorat et du goût; le tintement d'oreilles et toutes les fausses perceptions auditives; les fausses perceptions visuelles; l'apparition de lueurs brillantes, des spectres, des fantômes; les changemens brusques et extraordinaires dans les

---

(1) Traité de l'expérience en médecine, trad. française, vol. II, 2ᵉ édit., page 95.

habitudes intellectuelles ou morales; l'altération subite du caractère; la réponse brusque et la parole sèche et brève d'un malade habituellement doux; les réponses modestes chez un malade habituellement brusque et violent; l'abolition ou la suspension de quelques facultés intellectuelles, telle que l'attention ou la mémoire; les différentes espèces de délire, etc. etc. etc. (1)

ARTICLE IV.

SYMPTÔMES QUI SE RAPPORTENT A LA VARIÉTÉ DES SOMMEILS ET DES RÊVES.

PENDANT le sommeil, l'organisation, fatiguée, épuisée et dérobée momentanément à l'action des irritations extérieures, se trouve abandonnée à ses propres forces, et suspend une partie de ses fonctions : celles de la vie de relation. Ce repos est souvent impossible dans les maladies, ou se trouve accompagné de circonstances qui sont symptômes de maladies. Souvent aussi, l'état opposé, l'assoupissement, le *coma* (2) et ses différens degrés se manifestent. Enfin, dans quelques cas, extraordinaires à la vérité, on a vu des sommeils périodiques se prolonger pendant huit et quinze jours, et former eux-mêmes un véritable état de maladie. Prosper Alpin a réuni un grand nombre d'observations tirées des anciens, relativement aux différences de la veille et du sommeil, considérées comme présages pendant le cours des maladies.

Les rêves, qui sont un accident du sommeil, ne sont pas moins importans à examiner relativement à la physionomie générale des maladies, ou même à l'indication et à la mesure des variations qui surviennent dans la santé.

---

(1) HIPP., aph. 40, s. 6; aph. 52, s. 7; aph. 65 et 66, s. 4 et 7.
(2) Le coma *seu* cataphora, caro, cathoche, catalepsis. (PROSPER ALPIN, pag. 150.)

En général, on n'a peut-être pas fait assez d'attention aux rêves considérés sous ce rapport. Une interprétation physiologique des songes appartient à la physiognomonie médicale; et lorsqu'un médecin demande à son malade comment il a dormi, il devrait lui demander aussi s'il a rêvé; et, s'il a rêvé, quelle était la nature de ses songes.

J'ai dirigé pendant quelques années la santé d'une demoiselle âgée et valétudinaire, que je faisais ordinairement vomir quand ses rêves se rapprochaient du cochemar : ce qui m'annonçait mieux, chez cette personne, que tout autre symptôme, l'embarras gastrique. Il ne faut souvent qu'un léger purgatif, ou des stomachiques, pour faire cesser des rêves pénibles, ou pour leur substituer des rêves agréables. Pour interpréter physiologiquement les songes, il importe d'ailleurs de ne pas confondre ceux qui dépendent de la réaction des différens viscères malades sur le cerveau de ceux qui dépendent directement de l'état du cerveau.

Les premiers, que j'appelle rêves secondaires, sont, à un très-petit nombre d'exceptions près (1), des rêves pénibles, des variétés nombreuses de cochemar, dont l'interprétation médicale fait souvent reconnaître le mode et le siége du dérangement qui les occasionne.

Les rêves qui dépendent directement de l'état du cerveau, et que j'appelle rêves primitifs, se rencontrent plutôt dans les maladies aiguës que dans les maladies chroniques.

---

(1) Les rêves amoureux que n'ont point précédé, pendant la veille, des désirs et des exaltations d'imagination, forment ces exceptions; et souvent ces mêmes rêves, quand ils sont purement organiques, et qu'ils dépendent d'un excitement habituel et immodéré des organes de la génération, se rapprochent du cochemar, sont bizarres, et quelquefois pénibles : la suffocation et une sensation vive de plaisir s'y trouvent jointes d'une manière qui ne se rencontre jamais dans la réalité.

On en provoque quelques-uns par l'action de certaines substances, ou par un exercice immodéré de l'organe intellectuel, avant de se livrer au sommeil. (1)

ARTICLE V.

SYMPTÔMES QUI SE RAPPORTENT A LA CIRCULATION.

La physiognomonie médicale prend de plus en plus, dans cet article, un caractère qui lui est propre. Ce ne sont pas des altérations de forme ou de couleur accessibles aux sens qu'elle signale et reconnaît ; ce sont des phénomènes déliés et fugitifs qu'elle évalue, des mouvemens délicats dont elle compare le rithme, et qui répondent, dans leur régularité, leur force, leur faiblesse, leur promptitude, leur embarras, aux oscillations variées de la flamme de la vie, réglée, égale, libre, gênée, et près d'être étouffée ou éteinte, suivant les diverses modifications de ces mouvemens.

On réunit dans cet article, 1°, tous les symptômes qu'embrassent les recherches sur le pouls et la manière d'explorer la poitrine, pour reconnaître les dérangemens organiques du cœur et des gros vaisseaux, par la simple application de la main, ou à l'aide de la percussion (2); 2° les symptômes qui dépendent de la circulation capillaire, telles que

---

(1) Ce fragment est tiré du préambule d'un recueil d'observations déjà assez considérable, et que je me propose de publier, lorsqu'il me paraîtra assez avancé, sous le titre suivant : *Journal de mes rêves, et de quelques-uns de ceux de mes malades.*

(2) Cette partie de la physiognomonie médicale n'a guère attiré l'attention des anciens. Elle a fait de grands progrès dans ces derniers temps par les recherches et les travaux de M. Corvisart. *Voyez* l'ouvrage qu'il a publié sous ce titre : *Essai sur les maladies et les lésions organiques du cœur et des gros vaisseaux.* Paris, 1806.

les pulsations locales des parties enflammées, la rougeur, la chaleur, la coloration particulière et morbifique de la peau, et principalement de la peau du visage. (1)

ARTICLE VI.

DES CARACTÈRES DES MALADIES, TIRÉS DE L'ÉTAT ET DES CHANGEMENS DE LA RESPIRATION ET DE LA VOIX.

Tous ces caractères sont de la plus haute importance, et les anciens, qui les ont observés avec le plus grand soin, en ont reconnu et évalué les nombreuses variétés et les différentes combinaisons.

Hippocrate, qui a peu ou point écrit sur le pouls, a soigneusement fait mention des respirations différentes des malades : il s'est expliqué clairement sur la signification et la valeur indicative et physionomique de la respiration grande et rapide, grande et lente, petite et rapide, petite et lente, grande et fréquente, grande et rare, etc. (2)

Les différentes altérations de la voix ne sont pas moins importantes à examiner relativement à la physiognomonie médicale, et les anciens les ont également prises en considération. Il y a même certains cris et cer-

---

(1) Les anciens, et principalement Hippocrate et Galien, ont donné beaucoup d'attention aux divers changemens de couleur pendant les maladies. Voici quelques-unes de leurs sentences : « La figure très-colorée dans la tristesse, est un mauvais présage. » *(Prorrheticor., lib. II.)* « Si les lèvres, ou le nez, ou les paupières, deviennent livides, la mort est prochaine. » *(Coac. præsag.)* « Un changement fâcheux a lieu toutes les fois que l'on aperçoit une teinte noirâtre, comme si le sang, tout à coup refroidi et répandu au dehors, s'était coagulé. » (GAL., *in Prognostic.*) etc. etc.

(2) *Voyez* PROSPER ALPIN, Op. C, p. 251 et suiv., un article dans lequel les observations d'Hippocrate et de Galien sur les pronostics relatifs à la respiration, sont rapprochées.

taines physionomies de voix que l'on a désignées par des expressions particulières, et qui correspondent directement à diverses altérations morbifiques, ou à des différences de tempéramens qu'ils font reconnaître.

ARTICLE VII.

DES SYMPTÔMES QUI SE RAPPORTENT A LA DIGESTION, A L'ENSEMBLE OU A QUELQUES-UNS DE SES ORGANES.

Un grand nombre de symptômes observés dans les maladies, et servant plus ou moins à les caractériser, intéressent la digestion, et dépendent de l'état de ses organes, mais sur-tout du foie et de l'estomac. Tels sont les appétences bizarres et variées dans certaines maladies, les besoins de la faim ou de la soif augmentés, diminués, suspendus ou pervertis, et tous les caprices et les anomalies qu'occasionnent une lésion profonde, une perversion plus ou moins grave de la sensibilité de l'estomac dans les maladies. Tels sont aussi les différens signes que l'on tire de l'état de la langue, et qui se rapportent à la surface muqueuse du même organe et à celle des intestins.

ARTICLE VIII.

DES SYMPTÔMES QUI SE RAPPORTENT AUX EXCRÉTIONS, ET DES SIGNES DE CRISES ET DE COCTION DANS LES MALADIES.

Cet article appartenant d'une manière trop spéciale à la médecine pratique, nous nous bornons à en indiquer ici le titre et l'objet, ne voulant pas donner à ce supplément plus d'étendue qu'il n'en doit avoir, ni sortir des limites dans lesquelles nous devons nous circonscrire.

TROISIÈME SUPPLÉMENT.

DE LA PHYSIOGNOMONIE MÉDICALE PROPREMENT DITE, OU DES ALTÉRATIONS DU VISAGE, CONSIDÉRÉES COMME SIGNES DE MALADIES.

Les surfaces de l'organisation, tout ce qu'il y a d'accessible aux sens dans le jeu et les modifications de la vie pendant les maladies, sont, comme nous venons de le voir, le sujet de la physiognomonie médicale, prise dans le sens le plus étendu; mais, dans les maladies comme dans les passions, la physionomie particulière du visage mérite d'être examinée à part, et se fait remarquer par une rapidité d'expression, une délicatesse de nuance et une fidélité de révélation, qui la rendent de la plus haute importance dans la pratique de la médecine.

M. le professeur Chaussier, qui n'a pas craint de rapporter la physiognomonie aux sciences anatomiques et physiologiques, dont elle agrandit et embellit le domaine, fait de la physionomie des maladies la première subdivision de la physiognomonie ou *prosopose* (1), et la regarde avec raison comme un mode d'altération de la face propre à divers genres de maladies aiguës ou chroniques, plus ou moins prononcé, suivant la nature, le siége, le degré, la durée de l'affection.

Il indique comme les principaux types de ce genre de physionomie, 1° la physionomie *adynamique* ou cadavéreuse (2), improprement appelée *face hippocratique*, si bien caractérisée vers la fin des maladies; 2° la physionomie *tétanique*, ou l'expression du plus haut degré de

---

(1) *Voyez* Table générale des fonctions, par M. Chaussier.
(2) Prosper Alpin.

spasme et de convulsion observé dans la rage ; 3° la physionomie scrophuleuse ; 4° la physionomie rachitique ; 5° la physionomie *chlorotique* ou *des pâles couleurs*. Ces types de physionomies morbifiques sont bien caractérisés : on pourrait y joindre plusieurs autres types non moins tranchés et non moins expressifs, tels que la *physionomie ictérique*, ou de la jaunisse ; la *physionomie* de l'hydropisie, si bien saisie, si bien imitée dans le tableau de Gérard Dow ; la *physionomie* des phthisiques ; la *physionomie* décomposée et d'une couleur de *pain d'épices*, signalement funeste des affections cancereuses, et sur-tout du cancer de l'utérus ; la physionomie également remarquable qui fait soupçonner les maladies organiques de l'estomac, du foie, etc. etc.

Plusieurs maladies aiguës sont en outre accompagnées, à leur début ou pendant leur invasion, d'altérations toujours très-significatives de la physionomie, et l'on ne peut guère méconnaître une fièvre adynamique à la décomposition et à l'affaiblissement des traits qui sont propres à cette maladie, ni une fièvre maligne ou ataxique à l'expression de stupeur des malades qui en sont atteints. Une suite de portraits de différentes personnes peintes dans l'état de santé, et opposée à une autre suite de portraits des mêmes personnes peintes pendant le cours de différentes maladies remarquables par leur expression physionomique, formerait une galerie de tableaux bien intéressante pour le médecin, et contribuerait nécessairement aux progrès de la physiognomonie médicale.

Hippocrate, qui a fait un grand nombre d'observations sur la valeur physionomique du visage dans les maladies aiguës, veut que pour se livrer utilement à ces recherches, on se fasse une idée claire et précise, non seulement des caractères généraux de la santé, mais de l'état particulier du visage du *malade* avant sa maladie. En effet, l'homme qui souffre peut également en imposer au médecin, et par ses paroles, et par son expression, et même par le caractère habituel et dominant de sa physionomie : sa frayeur ou son impatience, sa tristesse ou sa mauvaise humeur, ont des effets qu'à la première vue il serait facile de prendre pour le signe d'un mal plus grave que celui qu'il éprouve; et voilà pourquoi les personnes pusillanimes, tristes, querelleuses, impérieuses, peuvent si aisément tromper le médecin qui ne serait pas sur ses gardes, et qui attribuerait au mal ce qui vient du caractère : considérations qui sans doute ont motivé cette sentence d'Hippocrate : *Considerari convenit hunc in modum per morbos acutos principio, vultum egroti, sit ne similis bene valentium, potissimùm sui, ita enim optimus erit.* (Lib. I, Prog. tex. 18.)

Hippocrate, qui d'ailleurs avait tant étudié et observé les rapports de l'homme intérieur et de l'homme extérieur exprimés par la physionomie, a reconnu que l'on peut découvrir par l'état du visage le fond du caractère et la diversité des mœurs, pour n'en pas confondre les signes avec ceux des maladies. « Une pénible circonspection, dit-il, annonce la crainte. On reconnaît l'homme impérieux à sa face vultueuse, à son regard sombre, et le naturel chagrin, difficile, à un visage *scythe* et farouche (1). Les roux au nez aigu, avec de petits yeux, sont méchans; les roux au nez retroussé, et de grands yeux, sont bons (2). L'homme à tête forte, avec de petits yeux sans éclat, est colère; celui qui a de grands yeux noirs, un nez gros et retroussé, est d'un heureux caractère, etc. »

La physionomie générale de la santé, qu'il faut toujours prendre pour terme de comparaison dans l'étude des physionomies morbifiques, s'an-

---

(1) *Timores et anxiæ circonspectiones simul sunt.* (Præs. coac.) *vultuosus, tetrico vultu et supercilioso, morosus ac difficilis.* (Foes. in œcon. Hipp.)

(2) *Quicumque rufi naso acuto, oculo parvis mali ; rufi, simi, oculis magnis, boni.*

nonce par un front serein, des sourcils doucement épanouis, des yeux librement et facilement ouverts, un regard prompt, assuré, des pupilles heureusement placées, bien visibles, l'éclat, la pureté du blanc de la schlérotique, l'embonpoint modéré, la *fraîcheur* et la *rénittence* des joues, la beauté du coloris. Hippocrate rapporte à trois teintes les différentes couleurs du visage compatibles avec la santé; savoir, le rouge, le brun et le blanc. Tout ce qui s'éloigne de ces trois nuances pour passer au rouge noir et sombre, aux teintes jaunâtres, plombées, exprime la maladie.

La convalescence, les orages des passions, l'âge, l'influence du climat, apportent de grandes différences dans la physionomie, sans la faire passer à l'état de physionomie morbifique. *Voyez*, dans les volumes précédens, les articles sur les variétés nationales, les caractères des passions, la doctrine des tempéramens, etc.

Hufeland, à qui l'on doit un ouvrage curieux et piquant sur la *mocrobiotique*, ou l'art de prolonger la vie, fait ainsi le portrait de l'homme destiné à vivre long-temps :

« L'homme destiné à vivre long-temps est de taille moyenne, bien proportionnée et un peu ramassée; il n'est pas trop coloré; il a les cheveux châtains; la peau ferme, mais sans rudesse; la tête pas trop forte; des veines saillantes et bien dessinées aux extrémités, des épaules un peu rondes, le cou ni long ni court, le ventre sans proéminence, le pied plutôt large que long, la poitrine large, élevée, pouvant faire une très-longue inspiration; la voix forte, les sens très-bons, sans délicatesse excessive. Cet homme mange avec plaisir, il est peu altéré; il est communicatif, causeur, bienveillant, aisément accessible à l'amour, à la joie, à l'espérance, et fermé à la jalousie, à la haine, et en général aux passions violentes et destructives. Son impatience, sa colère, durent peu, et ressemblent à un accès de fièvre salutaire. Il aime la douce rêverie, les méditations faciles; il est en général optimiste, et tient au bonheur domestique, à l'étude ou à la contemplation de la nature. Il s'abandonne difficilement à l'ambition, et à la crainte d'un fâcheux avenir. »

Le visage ayant une structure extrêmement délicate et une grande mobilité, il n'est pas étonnant qu'il s'altère de tant de manières dans les maladies, et qu'il en soit l'interprète fidèle. Une nature seulement languissante ou troublée se manifeste par des changemens de ce genre, et une digestion laborieuse suffit quelquefois pour altérer la physionomie au point d'exciter notre sollicitude et nos alarmes lorsque nous apercevons ces signes d'indisposition sur le visage des personnes qui nous sont chères.

On remarque quelquefois une décomposition des traits, une bouffissure du visage, des teintes jaunâtres ou verdâtres, qui font présager l'invasion de différentes maladies aiguës. L'état de la physionomie fait aussi reconnaître et craindre des menaces d'apoplexie; mais tous ces signes sont plus aisés à saisir et à observer qu'à décrire. Les maladies les plus graves, celles qui, rapides et foudroyantes, altèrent promptement et profondément la vie, changent, dénaturent, dès le début, le caractère habituel de la physionomie. Il y a d'ailleurs des maladies, telles que l'épilepsie, la rage, le tétanos, dont la physionomie a quelque chose de plus affreux que l'agonie et la mort.

Les expressions moins fortes, moins prononcées du visage, fournissent pour la sémiotique (1) une foule de signes dont on peut concevoir à peine la variété. Les yeux seuls offrent une multitude de symptômes dans

---

(1) On appelle ainsi la partie de la médecine qui a pour objet les signes des maladies.

le changement général de leur aspect, la différence de leur grandeur apparente, leur couleur, leur éclat, leur mouvement, et je dirais presque leur attitude. Les autres parties du visage, mais sur-tout la bouche, sont susceptibles d'altérations non moins significatives, et les combinaisons des traits sont si variables, que chaque maladie peut être reconnue, jusqu'à un certain point, par ses caractères physionomiques, comme on le voit pour chaque passion et pour chaque habitude morale dominante. Ce sont toutes ces altérations de physionomies qu'un médecin exercé et habile observateur cherche à saisir dans un premier coup d'œil souvent si décisif, et qui l'intéresse plus quelquefois ou l'instruit mieux que des plaintes exagérées ou de vaines paroles.

Au reste, l'étendue et l'importance de la physionomie, considérée comme un langage parlé à son insu par l'être souffrant, et comme le moyen de communication le plus prompt entre le malade et le médecin, s'expliquent encore mieux que la physiognomonie générale, par la structure du visage, si admirable dans l'homme, disposée, travaillée avec tant de soin par la nature; liée en général par tant de rapports avec toutes les parties de l'organisation, et correspondant en particulier, et d'une manière encore plus directe, avec les fonctions vitales du premier ordre, telles que la circulation, la respiration, et l'action du cerveau.

La beauté de cette structure, et les avantages que nous avons remarqués dans la face humaine, relativement à l'expression des affections de l'ame, sont également favorables à l'expression des maladies, et le visage est évidemment la région extérieure du corps humain qui se trouve avoir, par sa composition, un plus grand nombre de relations et de sympathies. On ne trouve réunis dans aucune autre région de la surface de l'homme autant d'élémens organisés différens. et des organes, qui sont par-tout ailleurs renfermés dans des cavités, ou du moins placés sous la peau et sous les muscles, paraissent à découvert au visage, comme pour y servir de représentans et d'interprètes aux systèmes d'organes auxquels ils appartiennent.

Ainsi les os ne se dessinent pas seulement sous la peau, et ne se bornent pas à contribuer à la physionomie passive, mais ils se trouvent entièrement à nu pour former les dents, dont la physionomie est si importante relativement à la physiognomonie médicale. Les membranes muqueuses, dont l'ensemble forme la surface intérieure de l'organisation, et une véritable peau interne, presque toujours plus ou moins intéressée dans ces maladies, se prolongent à la face, et s'y montrent aux lèvres, aux narines, aux paupières, à la surface de l'œil (1), et leurs altérations diverses sont de la plus haute importance dans la physiognomonie médicale. Enfin, le globe de l'œil lui-même est un viscère placé à l'extérieur, tenant directement au cerveau, et recevant de lui une des parties essentielles de sa structure. (2)

Tels sont les élémens de la structure du visage : l'altération de chacun d'eux contribue diversement à l'expression plus ou moins composée des maladies, et en forme tantôt le trait principal, tantôt la simple nuance et le caractère accessoire et secondaire. Distinguer ces différences, dont l'observation est l'objet de la physiognomonie médicale, les analyser, les distribuer sous différens titres, et rapporter à chaque partie constituante de la face les symptômes dont elle est le siége, ce n'est pas seulement examiner ces symptômes, c'est en tracer l'histoire physiologique, et donner le moyen d'en apprécier rationnellement la valeur et

---

(1) La rétine, formée par l'épanouissement du nerf optique.

(2) *Voyez*, dans le quatrième volume de cet ouvrage, la dernière partie de l'*Anatomie du Visage*, où nous avons indiqué les vues que nous croyons devoir rappeler et développer ici.

la nature. Cette considération nous a engagés à offrir la classification suivante des signes physionomiques dont les diverses combinaisons servent à l'expression de plusieurs maladies.

Les caractères physionomiques des maladies qui se réduisent en général à des altérations de forme ou à des altérations de couleur très-variées, peuvent être rangés, relativement à leur siége, sous quatre principaux titres.

I.

CARACTÈRES PHYSIONOMIQUES DES MALADIES QUI APPARTIENNENT AUX MUSCLES DU VISAGE.

Le grand nombre de muscles du visage, leur séparation, leur adhérence à la peau, leur excessive mobilité, leur délicatesse, le nombre de leurs nerfs et l'intimité de leur communication avec le cerveau, les rendent aussi propres au signalement des maladies qu'à l'expression des passions. Les symptômes divers qui constituent l'altération variée de ces organes sont en général involontaires, sympathiques, comme les caractères primitifs des passions. (1)

Les altérations physionomiques des muscles du visage consistent, ou dans une augmentation, ou dans une diminution de la force qui les anime, et que les anatomistes appellent tantôt irritabilité musculaire, tantôt faculté de contraction. Toutes les augmentations de contraction

---

(1) *Voyez*, pour cette distinction que nous croyons importante, entre les caractères primitifs des passions et leurs caractères secondaires et ajoutés aux premiers par la volonté, le sixième volume de cet ouvrage.

expriment diverses exaltations, ou des dérangemens quelconques du système nerveux. Elles ont beaucoup d'analogie avec les caractères des passions convulsives. Les diminutions de contractions expriment la faiblesse, l'épuisement, la langueur de l'action nerveuse, son oppression, son défaut de développement ; elles répondent aux caractères primitifs des passions concentrées et oppressives.

La *physionomie tétanique*, et l'état du visage pendant un accès d'épilepsie et d'hydrophobie, offrent le plus haut degré de contraction morbifique dont les muscles soient susceptibles. C'est la physionomie effrayante, l'horrible visage propre à ces maladies, dont l'aspect, ainsi que nous l'avons déjà remarqué, a quelque chose de plus affreux que celui de la mort.

L'état de convulsion des mêmes muscles, pendant le frisson de la fièvre, forme une physionomie spasmodique bien caractérisée, et remarquable sur-tout par le resserrement avec agitation de tous les traits, et le spasme particulier des muscles élévateurs de la mâchoire inférieure.

Le spasme partiel des muscles de la face, et le défaut d'harmonie et d'homogénéité des traits de la physionomie, correspondent au trouble du cerveau dans plusieurs espèces de délire et de folie. En général, on regarde comme l'annonce du délire, dans les maladies aiguës, le mâcher et le parler à vide des malades, le grincement de dents sans dormir, la tendance à garder la boisson dans sa bouche, et à s'en gargariser au lieu de l'avaler. L'agitation inégale des yeux, le clignotement des paupières et le rire sardonique dans le sommeil, ont une autre signification : ce sont des présages redoutables de convulsions chez les enfans.

Dans la démence et dans quelques affections convulsives, telle que la danse de Saint-Gui, les muscles de la face sont agités continuellement, mais de mouvemens légers, fugitifs; en sorte que la physionomie n'a aucune expression arrêtée, et que ces traits mal dessinés rendent très-bien l'état de perturbation dans lequel se trouve le cerveau.

Une intermittence accidentelle de contraction des muscles du visage est propre aux maladies soporeuses, à l'extase et à la catalepsie. Dans cette dernière maladie, tous les muscles de la face conservent l'expression et l'attitude qu'ils avaient au moment de l'accès, au point que chez les personnes qui, dans cet instant, parlent ou sont irritées, gaies ou tristes, la bouche reste ouverte, la physionomie menaçante, ouverte ou chagrine.

L'état du visage, dans les fièvres malignes comme dans toutes les altérations profondes du cerveau, offre un mélange et des passages très-irréguliers de faiblesse et de spasme partiel; le caractère dominant de ces maladies consiste toutefois dans un état de stupeur, un air d'étonnement ou d'indifférence, et un resserrement des traits, presque tétanique, que l'on désigne assez exactement par l'expression de face crispée ou grippée.

L'adynamie, l'affaissement des muscles du visage, varient depuis l'altération des traits à la suite d'une indisposition légère ou d'une dépense un peu trop forte de la vie, par le travail ou par le plaisir, jusqu'à l'atonie, la décomposition, l'air cadavéreux que l'on observe dans les fièvres putrides et chez les mourans.

Ce que l'on remarque de plus frappant et de plus caractéristique dans la physionomie cadavéreuse ou adynamique, appartient évidemment au relâchement des muscles, qui ne se soutiennent plus, et dont l'abandon entraîne celui de tous les traits de la physionomie. Dans ce moment, la vie, prête à s'évanouir entièrement, n'est déjà plus aux extrémités des membres, qui sont froids, ainsi que la pointe du nez et l'extérieur des oreilles. L'affaissement des muscles buccinateurs rend les joues creuses et fait paraître les pommettes saillantes ; la bouche est béante, les tempes déprimées (1), le nez effilé et aigu. (2)

Au moment de la mort, les orbiculaires demeurent pendant quelque temps, ainsi que les autres muscles, dans un état de resserrement et de contraction permanente, et les yeux resteraient découverts : ce qui rendrait la vue des personnes mortes encore plus horrible, si l'on n'avait pas ordinairement la précaution de leur fermer les paupières avec une attention justement regardée comme un soin pieux et respectable chez tous les peuples civilisés.

II.

CARACTÈRES PHYSIOGNOMONIQUES DES MALADIES QUI SE RAPPORTENT AU TISSU CELLULAIRE DU VISAGE.

Ces caractères, qui appartiennent, comme les précédens, aux altérations de formes dont la face est susceptible, sont en petit nombre, et se réduisent aux différens degrés de gonflement et de bouffissure du visage. Il y a des symptômes de bouffissure dans les maladies aiguës et dans les maladies chroniques.

Il est rare que l'empâtement et la bouffissure du visage ne se joignent pas à la décoloration, excepté dans la physionomie soporeuse, caracté-

---

(1) Par le relâchement des élévateurs de la mâchoire inférieure et celui des muscles des lèvres.

(2) Par le relâchement des muscles qui agissent sur ses ailes.

risée par un engorgement de sang veineux qui remplit le réseau capillaire de la peau.

Dans les fièvres bilieuses, on observe quelquefois, à l'époque de l'invasion, une sorte de bouffissure qui se dissipe ordinairement par l'effet du vomissement.

Le gonflement de la face est regardé comme salutaire et critique lorsqu'il se manifeste au cinquième ou sixième jour d'une petite vérole. Il est redoutable dans la phthisie, les supurations internes, dans les maladies lentes du foie, et dans tous les cas où la sanguification est profondément altérée.

Les différentes espèces d'hydropisies sont d'ailleurs les maladies que caractérise plus particulièrement l'engorgement inerte et passif du tissu cellulaire du visage, porté au point d'émousser tous les traits de la physionomie, en effaçant entièrement les lignes musculaires du visage. Cette bouffissure est plus ou moins forte, et accompagnée d'une perte plus ou moins grande d'élasticité, suivant que l'infiltration succède à l'action prolongée des causes débilitantes, à une maladie organique, ou même à un état de plénitude sanguine observé par Hoffmann et Stoll chez les femmes et les filles robustes, dont les règles se sont supprimées.

III.

CARACTÈRES PHYSIONOMIQUES QUI SE RAPPORTENT A LA PEAU ET AUX VAISSEAUX CAPILLAIRES DU VISAGE.

Tous ces caractères, qui sont très-variés, rentrent dans les diverses altérations de la couleur du visage : ils annoncent, 1º l'exaltation générale, l'accumulation partielle et l'aberration des forces vitales ; 2º l'affaiblissement, l'embarras, l'altération, l'épuisement des mêmes forces.

Ces caractères ont des liaisons directes avec l'action du cerveau, la respiration et la circulation.

On peut, à ce qu'il me semble, rapporter à quatre teintes principales les altérations de couleur qui dépendent des maladies : savoir, 1° la teinte incarnat, ou rouge artériel ; 2° le rouge veineux ; 3° la teinte propre à l'*étiolement* ou la teinte *clorotique* ; 4° la teinte jaunâtre ou noirâtre, qui caractérise les maladies organiques des différens viscères du bas-ventre.

Camper, Blumembach et Le Cat, ont cité des exemples de coloration accidentelle de la peau en noir ; mais ces cas sont assez rares pour que nous nous croyions dispensés de les ranger sous un titre particulier.

La coloration plus ou moins forte du visage en rouge artériel est un caractère physionomique de toute exaltation des forces vitales, et d'une irritation vive, secondaire ou primitive de l'organe cérébral.

Cette nuance est aussi éclatante, aussi foncée qu'elle puisse l'être dans la frénésie. Le rouge artériel, plus vif que dans l'état de santé, se remarque en outre dans les fièvres inflammatoires ; au moment des redoublemens des fièvres rémittentes ; chez les maniaques, quelques instans avant l'accès ; dans les inflammations en général. L'espèce de turgescence qui se joint à l'éclat du teint dans tous ces cas de maladies, forme une physionomie qui leur est propre, et que les médecins désignent sous le nom de *face vultueuse*.

Dans les fièvres hectiques, la face se colore en rouge artériel, mais d'une manière partielle.

Le rouge permanent des pommettes caractérise la phthisie, et forme même le trait principal de cette maladie.

Les maladies qui sont caractérisées par la présence du sang veineux dans les vaisseaux capillaires, et par une teinte de rouge noir, consistent dans l'embarras ou la suspension de la respiration, dans la faiblesse, la gêne de la circulation, et dans une altération quelconque, qui trouble et rend incomplète l'élaboration du sang dans le poumon.

On observe ce genre de coloration dans l'asphyxie, l'apoplexie, les maladies organiques du cœur, et principalement les anévrismes actifs.

Ma pratique m'a fourni l'occasion d'observer, chez un jeune homme de quinze à seize ans, une coloration bleuâtre du visage, qui dépend de la présence d'une trop grande quantité de sang veineux dans le réseau des vaisseaux capillaires de la peau. La face est habituellement d'un rouge noir, et comme injectée. La teinte de la surface des lèvres, du revers interne des paupières et des ailes du nez, est encore plus sombre; et le froid, l'agitation, le travail de la digestion, augmentent tout à coup ce ton de couleur, et rendent la face tout à fait violette ou bleuâtre, sur-tout au bout du nez et du menton, et à la partie supérieure des joues.

Cette disposition, qui a été observée chez ce jeune homme dès sa plus tendre enfance, paraît se rapprocher de la maladie décrite par quelques médecins sous le nom de *maladie bleue*, et dépendre d'un vice organique du cœur, dont les cavités droites et gauches ont continué d'être en communication après la naissance.

Avec un état semblable, la sanguification est nécessairement incomplète; et la vie, gênée, attaquée dans la structure défectueuse de l'un de ses principaux organes, s'exerce d'une manière pénible.

Plusieurs médecins (1), et principalement Gowdin (2), ont rapporté

---

(1) Morgagni, Scandifort, Baillie, etc.

(2) *Voyez* son Essai sur la connexion de la vie et de la respiration, traduit de l'anglais par M. Hallé.

des exemples de ce dérangement organique. Plus récemment, M. Caillot, professeur à l'école de médecine de Strasbourg, a donné des observations analogues. Chez le sujet de la première observation, les oreillettes et les ventricules du cœur communiquaient, et l'orifice de l'aorte embrassait l'ouverture qui établissait communication entre les ventricules. (1)

La décoloration et l'étiolement paraissent dépendre d'un état d'épuisement et de faiblesse qui rend la circulation moins forte, et pendant lequel la vie s'exerce à peine à la surface. Alors les vaisseaux capillaires du visage sont moins irritables, contiennent peu ou point de sang artériel, et sont remplis de sucs lymphatiques.

Si l'action du cœur et la quantité du sang sont diminuées, comme dans la maladie appelée *anœmie*, c'est-à-dire privation de sang, la décoloration est extrême, et d'une nuance que l'on a comparée à celle de la vieille cire. Le teint des jeunes filles qui ont les pâles couleurs se rapproche quelquefois de cette nuance. Les différentes modifications de la décoloration, qui fait caractère physionomique de maladie, sont principalement l'étiolement produit par la vie sédentaire, et sur-tout dans les lieux humides; la pâleur de la convalescence; la pâleur plus marquée et le ton à peine vivant de la peau, dans l'évanouissement et à la suite des grandes hémorragies; le blanc mate, plombé, avec un cercle livide au-dessous des yeux, qui succède aux excès de travail ou de plaisir, à l'insomnie, etc.; le blanc de linge ou de lait, propre aux Albinos, et qui doit être regardé comme le plus haut degré de l'étiolement; le blanc sale et terreux, qui signale d'une manière si remarquable les diarrhées chroniques; enfin, la pâleur livide, sans expression vitale, et presque

---

(1) *Voyez* le Bulletin de la Société de l'École de Médecine, n° XI, année 1807.

cadavéreuse, regardée par Stahl comme le signe d'une mort prochaine. (1)

Les principales modifications de l'altération de la couleur du visage par la sécrétion d'une nouvelle matière colorante dans le corps réticulaire, sont la teinte virescente du blanc de l'œil, des environs du nez et des lèvres, dans les maladies bilieuses (2); la teinte plus jaune, dans la jaunisse; la même teinte passant au noir dans les maladies du foie et de la rate; la couleur *pain d'épices*, qui signale les cancers de l'utérus; le blanc jaunâtre, propre aux maladies organiques de l'estomac, et une foule d'autres nuances qu'il est plus difficile d'indiquer avec précision que de reconnaître. (3)

L'action de quelques plantes vénéneuses et la morsure des animaux venimeux, altèrent souvent la couleur du visage.

Galien cite, comme exemple de ces changemens de couleur, un esclave dont la peau devint tout à coup d'un vert porreau à la suite de la morsure d'une vipère.

---

(1) *Palor cum sublivido et maxime contracto faciei aspectu jam plures dies progresso communiter, non modo lethalis exitus, sed instantis pœnitus mortis signum constituit.* (STAHL, *de facie morborum indice.*)

(2) M. Deyeux assure, dans ses Recherches sur l'analyse du sang des personnes atteintes de jaunisse, n'avoir pu trouver le moindre atome de bile dans leur sang.

(3) Bichat a très-bien laissé entrevoir que ces changemens morbifiques de couleur devaient dépendre de la sécrétion d'une partie colorante, comme chez les nègres.

IV.

DE L'ÉTAT DES YEUX, CONSIDÉRÉ COMME CARACTÈRE PHYSIOGNOMONIQUE DE MALADIE.

L'œil, composé d'élémens si divers, placé si près du cerveau, formant, comme nous l'avons remarqué, un viscère situé au dehors, ne peut manquer d'avoir une grande expression dans les maladies. Tout ce que nous avons dit de la valeur physionomique de ses divers états dans les passions, qu'il peint toutes avec la même éloquence, s'applique à la part qu'il prend aux symptômes des maladies, que l'on peut comparer, jusqu'à un certain point, aux effets des passions les plus énergiques sur les organes.

Les caractères physionomiques tirés de l'état des yeux dans les maladies, rapides, fugitifs comme l'éclair, sont plus difficiles à décrire qu'à observer. Pour indiquer ces différens signes, on ne trouve pas même le moyen d'une traduction approximative dans les langues parlées ou écrites. Du reste, la langueur, l'éclat des yeux, toutes les nuances et les variations de leur blanc, la mobilité de leurs organes ou leur repos, la direction, la régularité, l'accord, le désordre et le trouble de leurs mouvemens, l'état des cils et des paupières, les degrés variés de l'irritabilité de la pupille, etc., sont les principales dispositions que l'on prend en considération dans les maladies.

Hippocrate a réuni dans son cinquième pronostic les principaux signes tirés de l'état des yeux : il regarde comme de funeste augure le larmoiement involontaire, l'éloignement pour la lumière, l'ouverture inégale des paupières, l'injection et la teinte rougeâtre de la conjonctive sans cause inflammatoire, etc.

« Les yeux rouges, dit-il, saillans, fuyant la lumière, avec un regard féroce et audacieux, indiquent le délire frénétique. Ils sont proéminens, injectés, dans l'angine, l'apoplexie. S'ils sont caves, enfoncés, ils annoncent la chûte et l'épuisement des forces; fixes, immobiles, obscurcis, la cornée flétrie et ridée, l'extrême prostration, etc. etc. »

Il y a peu de maladies à la physionomie desquelles l'état des yeux ne contribue pas. Leur éclat étincelant correspond au rouge vif de la face dans les maladies inflamatoires, et paraît dépendre, suivant la remarque de M. Cabuchet, de l'abord des fluides et de la tension de toutes les parties dans chaque globe l'œil, lorsque la vie est momentanément exaltée dans cet organe. (1)

La rougeur de l'œil, et sa vive sensibilité dans la frénésie, peuvent s'expliquer par la communication du tissu cellulaire de l'orbite avec celui de l'intérieur du crâne. (2)

L'œil, poussé au dehors et demeurant à moitié couvert par la paupière inférieure, est un signe d'hydrocéphale qui souvent a suffi à Camper pour reconnaître cette maladie.

Nous terminerons ici ces remarques sur la physiognomonie médicale, à laquelle la nature de cet ouvrage ne nous a pas permis de donner tout le développement dont elle est susceptible.

Les ouvrages auxquels nous renvoyons, pour plus de détail, sont principalement celui de M. Cabuchet, que nous avons cité plusieurs fois avec éloge, et les dissertations suivantes, qui, celle de Stahl exceptée, sont bien au-dessous de l'Essai de M. Cabuchet.

---

(1) *Voyez* Essai sur l'expression de la face dans l'état de santé et de maladie, présenté et soutenu à l'École de Médecine de Paris le 2 frimaire an 10, page 41.

(2) *Idem* et *ibid.*, page 63.

STAHL, *De facie morborum indice* ; Halle, 1705.

ACKERMMANN (Fridericus), *De Prosoposcopiá medica*, D. M. Leipsick, 1748.

LEBERECHT (Fridericus), *Diss. metah. medica de physiog. in re medicâ utilitate*, Halle, 1745.

GRILL (Joseph), *Facies hominum animæ speculum* ; 1738.

HAMMES (Joan. Lud.), *De faciei habitu ut signo, ienæ* ; 1763.

LANGIUS, *Chr. facies Hippocratica leni penecillo adumbrata* ; *Lipsiæ*, 1751.

ZIMMERMANN (Joannes Conrard.), *Dissertatio de ore ut signo* ; 1752.

OSWALD, *Dissertatio de oculo ut signo* ; 1752.

JUCHUIS, *De oculis ut signo* ; 1753.

ROLL, Got, *Dissertatio de morb. signis. quæ à naribus desumuntur* ; 1754.

DANEWITZ, *De indicis aurium* ; 1754.

WILMANN, *De fronte morb. inter.* ; 1755.

FIN DU TOME HUITIÈME.

www.ingramcontent.com/pod-product-compliance
Lightning Source LLC
Chambersburg PA
CBHW050538170426
43201CB00011B/1472